Was immer wir in Leonardo da Vincis Porträt der Lisa del Giocondo, in ihrem Lächeln oder im Ausdruck ihres Antlitzes zu erkennen glauben, ist mittlerweile kaum noch von den romantischen Vorstellungen zu trennen, denen das Gemälde einen großen, wenn nicht gar den größten Teil seines beinahe unbegreiflichen Ruhmes verdankt. Die ursprüngliche Bedeutung dieses Frauenporträts und die Geschichte seiner Entstehung wurden von diesen Vorstellungen fast vollständig verschüttet. Das vorliegende Buch ist ein Versuch, dem Bild einen Teil jener Geschichte und Bedeutung zurückzugeben. Tatsächlich lassen sich anhand der Analyse bisher unpublizierter Dokumente die Entstehungsbedingungen der »Mona Lisa« nachzeichnen. Das Bild ist im Frühjahr 1503 von Francesco del Giocondo, dem Ehemann Lisas, in Auftrag gegeben worden. Der Anlaß für die Bestellung des Porträts ergab sich aus Ereignissen der Familiengeschichte, namentlich aus dem Kauf eines neuen Hauses und der Geburt eines Kindes. Die Kenntnis der Entstehungsbedingungen des Gemäldes erlaubt auch seine Einordnung in die Florentiner Kultur zu Beginn des 16. Jahrhunderts. Daneben geben die theoretischen Schriften Leonardos Aufschluß über die Ansprüche hinsichtlich der malerischen Darstellung von Seele und Tugend, die der Künstler in diesem Porträt mit neuen Ausdrucksmitteln verwirklichen konnte.

Frank Zöllner lebt, nach Aufenthalten in Marburg, London und Rom, als Kunsthistoriker in Hamburg und arbeitet derzeit an einer Studie über Ausdruck und Bewegung bei Leonardo da Vinci. Veröffentlichungen: Vitruvs Proportionsfigur (1987); Das Polykletbild der frühen Neuzeit (1990); Über Aby Warburg; Rubens Reworks Leonardo (1991); Leonardo on ›automimesis‹ (1992).

Leonardo da Vinci
Mona Lisa

Das Porträt der Lisa del Giocondo
Legende und Geschichte
Von Frank Zöllner
Fischer Taschenbuch Verlag

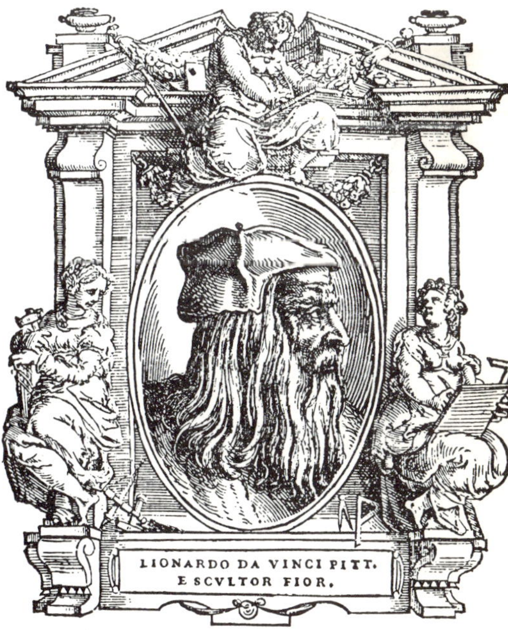

kunststück
Begründet von Klaus Herding
Herausgegeben von Michael Diers

Christof Thoenes zum 65. Geburtstag

Frontispiz: Porträt des Leonardo da Vinci nach Giorgio Vasari, »Lebensbeschreibungen der exzellentesten Architekten, Maler und Bildhauer Italiens«, Holzschnitt, 1568.

Umschlagrückseite: Domenico Ghirlandaio, »Giovanna degli Albizzi«, 77 x 49 cm, 1488. Madrid, Sammlung Thyssen-Bornemisza (Detail).

Grafische Konzeption:
Max Bartholl und Christoph Krämer
Lektorat: Wolfgang Balk
Bildredaktion: Sabine Behrends
Originalausgabe
Veröffentlicht im Fischer Taschenbuch Verlag GmbH,
Frankfurt am Main, Mai 1994

Satz und Druck: Wagner GmbH, Nördlingen
Bindung: G. Lachenmaier, Reutlingen
Printed in Germany
ISBN 3-596-11344-X

»Übrigens, das Gemälde ist ein Porträt«
Walter Pater

Das Phantasma

Trauten wir den Autoren des vergangenen Jahrhunderts, dann täte sich beim Anblick von Leonardo da Vincis Porträt der Lisa del Giocondo, der sogenannten »Mona Lisa« (*Falttafel und Abb. 1*), ein Abgrund schauderhaften Vergnügens auf. Das Gemälde Leonardos erschien unseren Vorvätern wie ein Born sinnlicher Versprechungen, deren giftige Süße das als leidvoll empfundene Begehren des Mannes nur reizen, nicht aber befriedigen konnte. Ab der Mitte des 19. Jahrhunderts wurde »Mona Lisa« zur Verkörperung einer dämonisch gedeuteten Weiblichkeit, und der prominenteste Repräsentant für eine solche, romantische Deutung des Weiblichen war Théophile Gautier, der um 1858 über das Gemälde schrieb: »... aber ihr Ausdruck, weise, tief, samtig und voller Versprechungen, zieht euch unwiderstehlich an und vergiftet euch, während der sinnliche, schlangenhafte [...] Mund euch mit soviel Süße, Anmut und Überlegenheit verspottet, daß man sich ganz schüchtern fühlt, wie ein Schuljunge vor einer Herzogin.«* Eine ähnlich erotisch-dämonische Vision der »Mona Lisa« formulierte einige Jahre später auch Walter Pater in der vielleicht bekanntesten Beschreibung des Gemäldes: »Die Gestalt, die hier so seltsam neben den Wassern auftaucht, drückt die Erfüllung eines tausendjährigen Begehrens des Mannes aus. Es ist eine Schönheit [...], in welche die Seele mit all ihrem kranken

* Auf Anmerkungen wurde verzichtet; allgemeine Angaben sowie die entsprechenden Nachweise der Quellen und Literatur finden sich im bibliographischen Anhang.

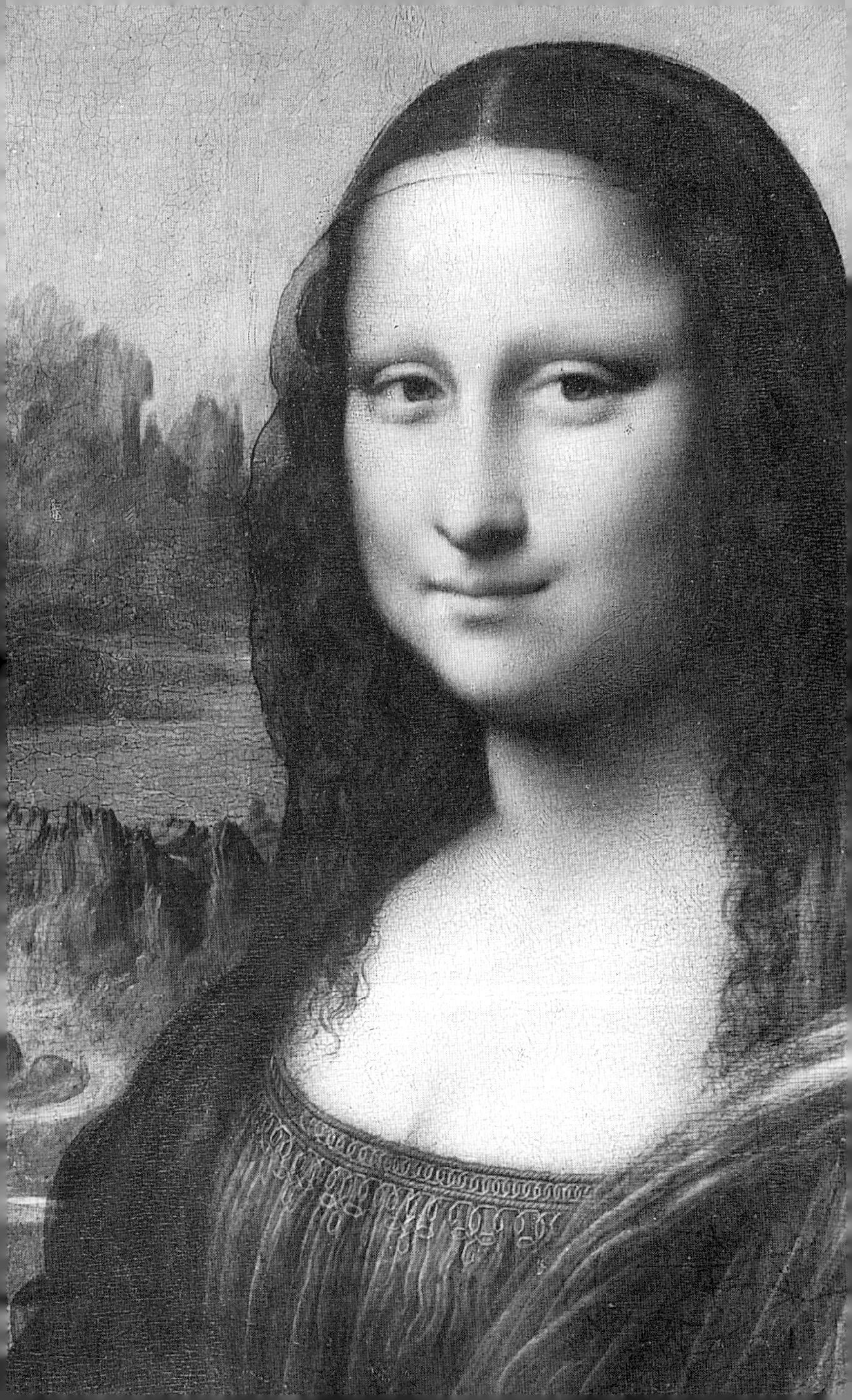

1 *Leonardo da Vinci, »Mona Lisa«, 77 x 53 cm, 1503–1506. Paris, Musée du Louvre (Ausschnitt).*

Sinnenleide hineingeflossen ist! [...] Gleich dem Vampyr hat sie schon viele Male sterben müssen und kennt die Geheimnisse des Grabes; sie tauchte hinunter in die See und trägt der Tiefe verfallenen Tag in ihrem Gemüt.«
Gautiers und Paters Vorstellungen entstanden mehr als drei Jahrhunderte nach der Vollendung von Leonardos »Mona Lisa«. Sie können als Produkt romantischer Phantasien gelten und prägen z. T. auch heute noch unsere Auseinandersetzung mit dem wohl berühmtesten Bild der europäischen Kultur. Ein Grund für das Nachleben dieser Phantasien mag ihre poetische Potenz sein, die auf einer Priorität des Vorgestellten gegenüber dem eigentlich Sichtbaren beruht und die Kunstbetrachtung des vergangenen Jahrhunderts besonders heftig bestimmt hat. Weitere Gründe für die Attraktivität der im Angesicht der »Mona Lisa« entwickelten Phantasien ergeben sich aber auch aus der Geschichte des Gemäldes und seinen nicht immer eindeutigen Bildelementen. Dargestellt ist eine junge, etwa 25-jährige Frau, die vor einer Brüstung auf einem hölzernen Möbel sitzt und ihren Oberkörper und ihr Gesicht beinahe vollständig dem Betrachter zuwendet. Den Vordergrund dominieren die übereinander gelegten Hände, den Mittelgrund bilden Oberkörper und Kopf der Dargestellten, und den Hintergrund füllen wild zerklüftete Gebirgszüge aus, die sich in der Ferne eines grün-blauen Himmels zu verlieren scheinen. Die hinter der Dargestellten ausgebreitete Landschaft ist extrem karg; sie läßt auf der linken Seite einen in dunstumwitterten Felsformationen verschwindenden Weg erkennen und auf der rechten einen ausgetrocknet scheinenden Flußlauf, dessen topographische Beziehung zu einem weiter oben gelegenen Wasserreservoir nicht ganz klar ist. Die einzelnen Bestandteile der vegetationslosen

Landschaft geben keine eindeutigen Hinweise auf Zeit, Ort und Bedeutung des Arrangements, und auch die den Fluß überspannende Brücke bleibt rätselhaft. Wenn hier eine Realität dargestellt ist, dann befindet sie sich weit ab von den Zentren menschlichen Handelns.

Konkretere Hinweise auf eine vom Menschen geschaffene und beherrschte Wirklichkeit läßt das Porträt selbst erkennen: Die Muskeln des Gesichts deuten durch ihre leichte Bewegtheit zweifellos ein Lächeln an; ein hauchdünner Schleier bedeckt das frei herabfallende Haar; das dunkle Gewand weist vor allem unterhalb des Brustausschnitts zahlreiche nach geometrischen Mustern entworfene Stickereien und senkrechte Fältchen auf; demgegenüber lassen die gröberen Falten der senffarbenen Ärmel auf einen etwas schwereren Stoff schließen. Die weichen, beinahe wächsern wirkenden Hände ruhen auf einer Lehne, die schlicht profiliert ist und von dünnen Balustern gestützt wird.

Nicht zuletzt wegen der perfekten und wirklichkeitsgetreuen Darstellung der genannten Details galt Leonardos Porträt der Lisa del Giocondo bis zum Ende des 18. Jahrhunderts als der vollkommenste Ausdruck malerischen Könnens und als ein herausragendes Beispiel der Naturnachahmung durch die Kunst. Doch andererseits erschwerten die irreal wirkende Landschaft und das vollständige Fehlen der in Renaissanceporträts sonst häufig üblichen Symbole oder Attribute eine unmittelbar einsichtige, eindeutige und überzeugende Interpretation des Porträts. Dieser Mangel an klar bestimmbaren Bildelementen scheint vor dem 19. Jahrhundert niemanden zu besonders bemerkenswerten Deutungen inspiriert zu haben. Erst im Gefolge der oben zitierten Phantasien der literarischen Romantik sind verstärkt erotische und schließlich alle nur denkbaren Sinngebungen möglich geworden. Schließlich hat man sogar behauptet, daß die »Mona Lisa« überhaupt kein Porträt und schon gar nicht das der Lisa del Giocondo sei. Besonders den Betrachtern unseres Jahrhunderts scheint es immer schwerer zu fallen, in dem Gemälde das Abbild einer Person zu sehen. Die »Mona Lisa« ist inzwischen zu einem identitätslosen Ideal geworden, das entweder wie eine Ikone verehrt oder wie das Idol einer nicht mehr gültigen Religion verschmäht wird. Wohl aufgrund dieser Umstände haben konkrete Fragen nach den Entstehungsbedingungen des Bildes, nach seiner ursprünglichen Funktion sowie nach eventuellen Bedürfnissen von Künstler und Auftraggeber, denen das Porträt seine Entstehung verdankte, ein vergleichsweise geringes Interesse gefunden. Diesen Fragen soll im folgenden nachgegangen werden.

Als Ausgangspunkt dienen im einzelnen Dokumente zur Familiengeschichte von Francesco und Lisa del Giocondo, aus deren Analyse hervorgeht, daß es sich bei der »Mona Lisa« tatsächlich um ein Porträt der Lisa del Giocondo handelt und daß sowohl die Identität der Dargestellten als auch die konkreten Auftragsbedingungen des Porträts grundlegend für unser Verständnis des Gemäldes sind. Gleichzeitig soll das Bild in die Tradition der Florentiner Frauenporträts eingereiht und so der eigentliche Bildinhalt der »Mona Lisa« präzisiert werden. Darüber hinaus wird die Funktion untersucht, die ein Frauenporträt im innerhäuslichen Kontext des Florentiner Bürgertums hat erfüllen können. Schließlich soll gezeigt werden, welche künstlerischen Vorstellungen Leonardo unter den genannten Auftragsbedingungen in einem bürgerlichen (also: nichthöfischen oder -aristokratischen) Privatporträt hat verwirklichen können und in welchem Verhältnis diese Vorstellungen zu den Ansprüchen und Bedürfnissen der Auftraggeber standen.

»Mona Lisa« und Vasari

Die traditionelle Identifizierung des unsignierten und nicht datierten Porträts als das der Lisa del Giocondo geht bereits auf Giorgio Vasari (1511–1574) zurück, den ersten bedeutenden Biographen der neuzeitlichen Kunstgeschichte. Vasari dürfte Leonardo, der 1519 gestorben war, nicht gekannt haben, und er hat auch das Gemälde nie gesehen; doch er behauptet in seinen zuerst 1550 erschienenen »Lebensbeschreibungen der ausgezeichnetsten Architekten, Maler und Bildhauer Italiens«, daß Leonardo nach seiner Rückkehr nach Florenz, also in den Jahren zwischen 1500 und 1506, ein Porträt der Lisa del Giocondo, der Gemahlin des Florentiner Kaufmanns Francesco del Giocondo, gemalt habe. Als Aufbewahrungsort des Gemäldes gibt der Biograph die in Fontainebleau befindliche Kunstsammlung Franz I. an. Vasari ist selbst nie in Fontainebleau gewesen; er muß diese Information demnach von italienischen Künstlern erhalten haben, die von Frankreich nach Florenz zurückgekehrt waren. Ferner stellt der Biograph fest, daß Leonardo das Porträt selbst nach vier Jahren immer noch nicht vollendet hatte. Vasaris Angaben halten einer Überprüfung stand, denn Leonardo hatte das noch unfertige Bild nicht an den Besteller, Francesco del Giocondo, übergeben, sondern bei sich behalten und später seinem Lieblingsschüler Salaì vermacht. Aus dessen Nachlaß gelangte es in die Kunstsammlungen des französischen Königs.

Vasaris Auskünfte über den Verbleib des Porträts der Lisa del Giocondo sind also zuverlässig, andererseits aber ist sein notorischer Hang zum Anekdotischen bekannt. Aus diesem Grund hat man immer wieder versucht, seine Angaben über die »Mona Lisa« in das Reich der Phantasie zu verweisen. Vor allem die berühmte Geschichte der Musikanten, die Lisa während Leonardos vierjähriger Arbeit an ihrem Porträt bei Laune (Lächeln!) halten sollten, hat nicht eben zu Vasaris Glaubwürdigkeit beigetragen: »Während er [Leonardo] sie [Mona Lisa] malte, hatte er Leute, die musizierten, sangen und ständig scherzten, um sie in einer leichten Stimmung zu halten und um jene Melancholie zu entfernen, die so häufig in der Malerei beim Anfertigen von Porträts auftritt.« Diese Geschichte klingt zunächst tatsächlich wie eine frei erfundene Anekdote, doch andererseits spiegelt sie die Erfahrung des Malers wider, daß die Modelle nach wieder holten Porträtsitzungen häufig müde und unwillig werden. Eine ähnliche Reaktion mag Leonardo, der für seine extrem langsame Arbeitsweise bekannt war, bei Lisa del Giocondo hervorgerufen haben. Man könnte also darüber spekulieren, ob Lisas Lächeln nach vier Jahren ermüdet war und deshalb tatsächlich eine Aufmunterung jener Art benötigte, auf die Vasari sich mit seiner Anekdote bezieht.

Zum Glück gibt es noch weitere Hinweise darauf, daß Vasaris Beschreibung eines Bildes, das er gar nicht kannte, auf Informationen aus erster Hand beruht; er hatte bereits seit den dreißiger Jahren des 16. Jahrhunderts Informationen über Künstler, besonders aber über Florentiner Künstler gesammelt und zu diesem Zwecke so manchen Haushalt zu beiden Seiten des Arno aufgesucht. Bereits um die Jahrhundertmitte galt Leonardo neben Raffael und Michelangelo als der herausragendste Maler der Renaissance, und Vasari hat zweifellos versucht, über diesen Protagonisten der Florentiner Kunstgeschichte jede nur erdenkliche Information zu erhalten. Eine wichtige Quelle waren selbstverständlich Leonardos Auftraggeber, so etwa die Florentiner Stadtverwaltung, für die Leonardo ab Herbst 1503 zu arbeiten begann, und Francesco del Giocondo, der das Porträt seiner Gattin bestellt hatte. Tatsächlich konnte der Biograph mit Francesco und dessen Frau persönlich bekannt gewesen sein. Vasari hat ab den zwanziger Jahren immer wieder für längere Zeit in Florenz gelebt, und er kannte nachweislich zwei Cousins von Francesco del Giocondo. Er wußte auch, daß Francesco um 1526 bei Domenico Puligo (1492–1527) ein Altarbild mit dem heiligen Franziskus für die Familienkapelle der Giocondo in der Kirche Santissima Annunziata bestellt hatte und daß diese Kapelle einige Jahre später mit Fresken ausgestattet worden war. Francesco, der schließlich auch in dieser Kapelle bestattet wurde, starb im Frühjahr 1539, und seine Frau lebte wahrscheinlich bis mindestens in das Jahr 1551. Beide wohnten mit ihren Kindern in einem Haus in der Via della Stufa, direkt angrenzend an die Piazza di San Lorenzo und nur wenige Schritte vom Medici-Palast entfernt, wo Vasari häufig zu Gast war *(Abb. 2)*. Francesco unterhielt zudem geschäftliche Beziehungen zu den Medici. Man kann angesichts dieser Umstände tatsächlich davon ausgehen, daß Francesco und seine Familie dem nach Informationen über Leonardo da Vinci dürstenden Vasari persönlich bekannt waren. Seine Angaben über Leonardos Porträt der wunderschönen Lisa del Giocondo (»essendo madonna Lisa bellissima«), Ehefrau des Francesco del Giocondo, dürften also auf Informationen aus erster Hand zurückgehen.

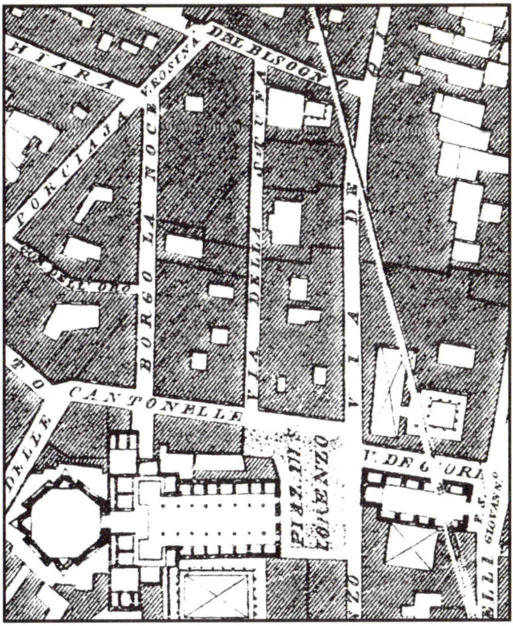

2 Federigo Fantozzi, Stadtplan von Florenz, 1841. Die Kirche San Giovanni und der Palazzo Medici sind rechts, am unteren Bildrand erkennbar. Links daneben befindet sich die Kirche San Lorenzo, in deren »Piazza« die Via della Stufa einmündet. Zwischen dieser Straße und dem parallel verlaufenden Borgo la Noce befanden sich die Häuser der Familie Giocondo.

Neben einigen vermutlich anekdotischen Elementen und den Informationen, die Vasari von der Familie Giocondo und von den aus Frankreich heimkehrenden Künstlern erhalten hat, spielt in seiner Beschreibung des Gemäldes der kunsttheoretische Topos von der perfekten Nachahmung der Natur durch die Malerei eine zentrale Rolle. Um diese Vorstellung rankt sich seine Beschreibung, deren erster Teil in deutscher Übersetzung lautet: »Wer sehen wollte, wie weit es der Kunst möglich sei, die Natur nachzuahmen, der konnte es leicht an diesem schönen Kopf [Lisas] ablesen, denn dort waren alle Kleinigkeiten mit der größtmöglichen Feinheit wiedergegeben.« So weit stimmt die Beschreibung, denn die Modellierung von Lisas Kopf ist mit außerordentlicher Feinheit vorgenommen. Ein zarter Schleier bedeckt das leicht gelockte, frei fallende, kastanienfarbene Haar, mit dessen Kolorit die braunen Augen farblich korrespondieren. Die verschiedenen Schattenwerte von Haar und Schleier stehen im Kontrast zum Gesicht, dessen größere Helligkeit wiederum dem lichten, heute vielleicht durch einen verschmutzten Firnis nachgedunkelten Hintergrund antwortet. Diesen Hintergrund sowie Lisas generelle Position – auf einem Stuhl in einer Loggia sitzend – ignoriert Vasari allerdings vollständig, um schließlich fortzufahren: »Die Augen hatten tatsächlich jenen Glanz und jene Feuchtigkeit, die man jederzeit in der Wirklichkeit sieht, und um sie herum waren jene rotbläulichen Schimmer und die Härchen, die man ohne allergrößte Feinheit gar nicht malen kann. Die Augenbrauen konnten nicht natürlicher sein, denn er hatte die Härchen aus der Haut herauswachsen lassen, hier dichter und dort weniger dicht stehend und immer den Poren der Haut folgend.«

Hier macht sich das Fehlen einer direkten Anschauung besonders deutlich bemerkbar, denn tatsächlich sind die Augen weniger detailliert gemalt, als Vasari annahm – so fehlen etwa die Tränendrüsen in den Augenwinkeln und die Wimpern. Lediglich mit seiner Beschreibung der Augenbrauen mag Vasari recht gehabt haben, denn bei genauerer Untersuchung des Gemäldes erkennt man auch heute noch einige wenige dunkle Punkte, die einmal den bei Vasari beschriebenen Effekt hervorgerufen haben könnten.

Am Ende seiner Ausführungen jedoch folgt Vasari immer mehr seiner Vorstellungskraft und gleichzeitig dem Ideal einer perfekten Naturnachahmung: »Die Nase mit allen ihren schönen zarten und rosigen Öffnungen erschien einem wie lebendig. Der Mund, mit seiner leichten Öffnung, mit seinem Rot der Lippen den Mundwinkeln verbunden und mit dem Inkarnat des Gesichts, erschien wie wirkliches Fleisch. In der Halsgrube sah man bei genauem Hinsehen den Puls schlagen. [...] Und hier gewahrte man ein so anmutsvolles Lächeln, daß es eher göttlich als menschlich anzusehen war, und es wurde für ein Wunderwerk gehalten, denn die Wirklichkeit selbst vermochte nicht mehr.«

Vasaris Stilisierung des Porträts der »Mona Lisa« zum mustergültigen Beispiel der Naturnachahmung läßt die Detailgenauigkeit seiner Beschreibung zunächst als wenig glaubwürdig erscheinen. Doch gerade seine nicht immer zuverlässige Konzentration auf Einzelheiten eines Gemäldes, das er nie gesehen hat, läßt vermuten, daß er über das Aussehen von Lisas Porträt einigermaßen gut unterrichtet war – entweder durch Lisa selbst oder durch Künstler, die das Bild in Frankreich gesehen hatten. Nur so ließe sich zum Beispiel sein Hinweis auf Lisas Lächeln erklären, das in der zeitgenössischen Porträtmalerei keineswegs zur üblichen Darstellungsweise gehörte. Paradoxerweise ging also die Beschreibung des (heute) berühmtesten Bildes der Renaissance nicht auf unmittelbare Anschauung zurück, sondern auf phantasiegeleitete Vorstellungen, Allgemeinplätze und mündlich überlieferte Angaben. Die Attraktivität des nur Vorgestellten und nicht selbst Geschauten bestand also schon bei Vasari, der mit seiner Beschreibung bereits die Voraussetzungen für die erst viel später hinzukommenden stereotypen Interpretationen schuf. Allerdings sollte es den Autoren des 19. und 20. Jahrhunderts vorbehalten bleiben, das Imaginierte um erotische Phantasien, tiefschürfende Deutungen und groteske Geschichten zu bereichern. Beispiele hierfür sind die oben zitierten »Männerphantasien« Paters und Gautiers sowie die zahlreichen Versuche der vergangenen Jahrzehnte, in »Mona Lisa« eine Prostituierte, eine schwerkranke Frau oder sogar ein Selbstporträt Leonardos zu sehen.

Lisa und Francesco del Giocondo

Nach dem Raub der »Mona Lisa« durch einen italienischen Anstreicher im Jahre 1911 und seit dem spektakulären Wiederauftauchen des Gemäldes im Jahre 1913 wissen wir mit Sicherheit, daß eine Frau namens Lisa del Giocondo tatsächlich existiert hat. Denn bis dahin war das Interesse an einer Überprüfung der Angaben Vasaris denkbar gering gewesen. Anläßlich des Wiederauffindens des Porträts der »Mona Lisa« in Florenz hatte sich der Kunsthistoriker und damalige Direktor der Uffizien, Giovanni Poggi, in das Florentiner Staatsarchiv begeben, um genauere Daten über die bis dahin vornehmlich aus der Überlieferung durch Vasari bekannte Person, Lisa del Giocondo, zu ermitteln. Poggi fand auf Anhieb die Steuererklärung von Lisas Vater, Antonmaria di Noldo Gherardini, und konnte mit dieser Quelle belegen, daß »Mona Lisa« tatsächlich existiert hatte und eine Florentiner Bürgerin gewesen war. Wenn man den von Poggi eingeschlagenen Weg heute weiterverfolgt, erhält man folgende Auskünfte: Lisa del Giocondo wurde 1479 als Tochter von Antonmaria Gherardini geboren und heiratete am 5. März 1495 Francesco del Giocondo. Sie dürfte den größten Teil ihrer Jugend auf dem Landsitz ihres Vaters verbracht haben, der sich südlich von Florenz, an der Straße zwischen San Donato in Poggio und Castellina in Chianti etwa einen Kilometer nach dem Abzweig »A Chortine« und unterhalb des »Monte Chorboli« befand. In der Stadt selbst wohnte Lisas Familie zur Miete, zunächst in der Nähe von Santo Spirito und später nicht weit entfernt von Santa Croce im Hause ihres Vermieters Tomaso Busini.

Francesco del Giocondo entstammte einer recht wohlhabenden Familie von Seidenhändlern, die nicht in Mietwohnungen, sondern in eigenen Häusern residierte. Er wurde 1460 geboren und war damit etwa 19 Jahre älter als seine Frau. Frauen scheinen im Leben Francescos eine größere Rolle gespielt zu haben, denn er hatte vier Schwestern und war dreimal verheiratet. Vor der Verehelichung mit Lisa hatte er zuerst im Jahre 1491 und, nach dem Tod der ersten Frau, schon 1493 ein zweites Mal geheiratet. Seine Verbindung mit Lisa, im April 1495, war in finanzieller Hinsicht eine eher bescheidene Angelegenheit, denn die Familie seiner Braut brachte nur die vergleichsweise niedrige Mitgift von 170 Goldflorenen auf. Zusätzlich wurde dem Ehemann ein kleines Landgut überschrieben, das sich in der Nähe des Landsitzes der Gherardini in der Gemeinde San Donato in Poggio befand. Diese Mitgift war, wie gesagt, nicht sonderlich üppig verglichen etwa mit den 1400 Goldflorenen, die Maddalena Strozzi im Jahre 1504 oder Cassandra del Giocondo, Lisas Enkelin, etwa dreißig Jahre später als Brautausstattung vorzuweisen hatten. Die Verbindung mit Lisa verschaffte dem Ehemann also keine finanziellen oder politischen Vorteile. Bedenkt man die Bedeutung, die einer ansehnlichen Mitgift damals in Florenz beigemessen wurde, dann könnte man sogar vermuten, daß Francesco seine dritte Frau, Lisa, aus Zuneigung geheiratet hat und daß eben diese Zuneigung ein ausschlaggebender Faktor auch für die Bestellung des Porträts war.

Der Auftrag und seine Datierung

Die Datierung der »Mona Lisa« ist in den letzten Jahren zunehmend kontrovers diskutiert worden. Es gibt aber verschiedene Anzeichen dafür, daß Leonardo vor allem vom Frühjahr 1503 bis zum Sommer 1506 an diesem Porträt gearbeitet hat. Eine Datierung auf das Jahr 1500 scheidet aus, weil Leonardo bei seiner Ankunft in Florenz zunächst im Dienst der Servitenmönche der Santissima Annunziata stand, für die er, dem Bericht Vasaris zufolge, eine »Heilige Anna Selbdritt« malen sollte. Zur selben Zeit mußte er noch an der »Madonna mit der Spindel« für Florimon Robertet, den Schatzmeister des französischen Königs, gearbeitet haben. Man kann annehmen, daß Leonardos Tätigkeit in der SS. Annunziata und seine dortige Unterbringung ihn mit Francesco del Giocondo in Kontakt gebracht hatten, denn dessen Familie unterhielt im Chor dieser Kirche seit dem 15. Jahrhundert eine Grabkapelle. In dieser Grablege, die rechts neben der von Giambologna mit einem Bronzekreuz ausgestatteten Kapelle der »Madonna del Soccorso« liegt, hat mit Sicherheit Francesco seine letzte Ruhe gefunden; aber auch seine Frau Lisa dürfte hier begraben sein. Noch heute erinnert ein in den Fußboden eingelassener Stein daran, daß die Kapelle einst, vor ihrer im 18. Jahrhundert erfolgten Umwidmung, der Familie Giocondo als Grabstätte gedient hat.

Die beiden Werke, die Leonardo während seiner Unterbringung in der SS. Annunziata begonnen hatte, müssen heute als verloren gelten. Doch von der »Heiligen Anna Selbdritt« existiert noch eine Originalversion Leonardos (Paris, Louvre), und die kleinformatige »Madonna mit der Spindel« für Robertet ist in einer Kopie erhalten, die

3 *Kopie nach Leonardo da Vinci, »Madonna mit der Spindel«, 50,2 x 36,4 cm. New York, Privatsammlung. Das Original hatte Padre Nuvellara im April 1501 in der Werkstatt Leonardos gesehen.*

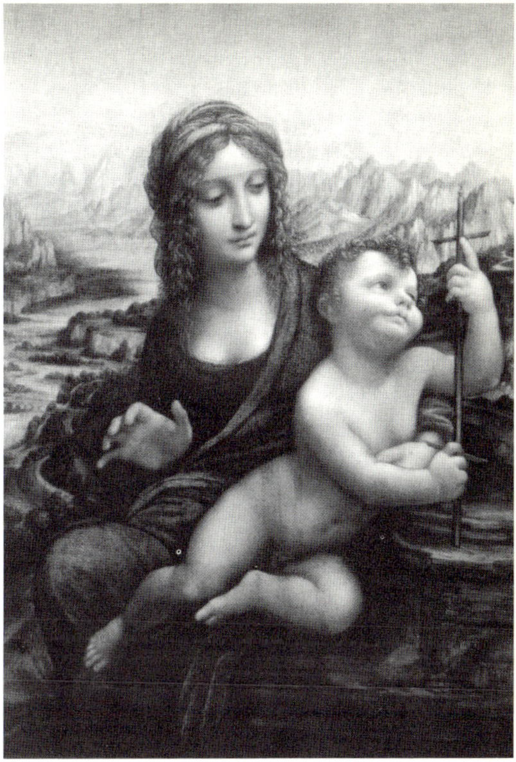

möglicherweise noch unter der Aufsicht Leonardos entstand *(Abb. 3)*. Jene in der Annunziata begonnene »Heilige Anna Selbdritt« und die »Madonna mit der Spindel« beschreibt Padre de Nuvellara, der im Auftrag von Isabella d'Este bei Leonardo deren Porträt zu bestellen versuchte. In zwei Briefen vom Frühjahr 1501 betont Nuvellara, der offenbar mehrmals Leonardos Werkstatt aufgesucht hatte, ausdrücklich, daß der Künstler abgesehen von den beiden genannten religiösen Werken nichts anderes gemalt habe. Von einem Porträt der Lisa del Giocondo wußte der Padre, der selbst ein kleineres Bild wie das der »Madonna mit der Spindel« eingehend beschrieb, nichts zu berichten. Seine Bemühungen um ein Bildnis der Isabella d'Este scheinen im übrigen erfolglos verlaufen zu sein; Nuvellara betont schließlich resigniert, daß Leonardo überhaupt wenig Lust zum Malen habe und somit noch saumseliger sei als der umbrische Maler Pietro Perugino. In einem Wettstreit der unproduktivsten Künstler – so der Padre weiter – würde sicherlich Leonardo gewinnen. Nach Auskunft dieser Quelle war Leonardo also in den Jahren 1500 und 1501 nicht bereit, einen Porträtauftrag der prominenten Isabella d'Este anzunehmen, und er dürfte zu diesem Zeitpunkt um so weniger einem vergleichsweise unbedeutenden bürgerlichen Besteller gegenüber nachgegeben haben. Die Bewegungen auf Leonardos Bankkonto bestätigen die Vermutung, daß der Künstler zwischen 1500 und 1501 ausgelastet war und damals kaum Zeit gefunden hätte, einen Porträtauftrag zu übernehmen. Nennenswerte Auszahlungen von seinem Konto im Ospedale di Santa Maria Nuova erfolgten hingegen im Frühjahr 1503. Tatsächlich lebte Leonardo zwischen März und Juli 1503 verstärkt von seinen Ersparnissen, und er hatte offenbar zu jener Zeit keine oder nur unbedeutende Aufträge. Er dürfte daher zwischen März und Juli 1503 bereit gewesen sein, die Arbeit an Lisas Porträt zu beginnen.

Weitere Indizien für die Datierung des Auftrages auf 1503 ergeben sich aus Raffaels zwischen 1504 und 1506 entstandenem Porträt der Maddalena Doni *(Abb. 4)*, das in seiner formalen Anlage von Lisas Porträt beeinflußt ist. So hatte Raffael, der damals in Florenz arbeitete, die Position der porträtierten Frau, in etwa auch die Haltung der Arme und Hände sowie das recht große Format des Gemäldes von der gleichzeitig entstehenden »Mona Lisa« Leonardos übernommen. Sogar die Entscheidung, die Porträtierte vor einer offenen

4 *Raffael, Porträt der Maddalena Doni, 65 x 45,8 cm, 1504–1506. Florenz, Palazzo Pitti.*
Die Bildgestaltung wurde unmittelbar von Leonardos »Mona Lisa« angeregt.

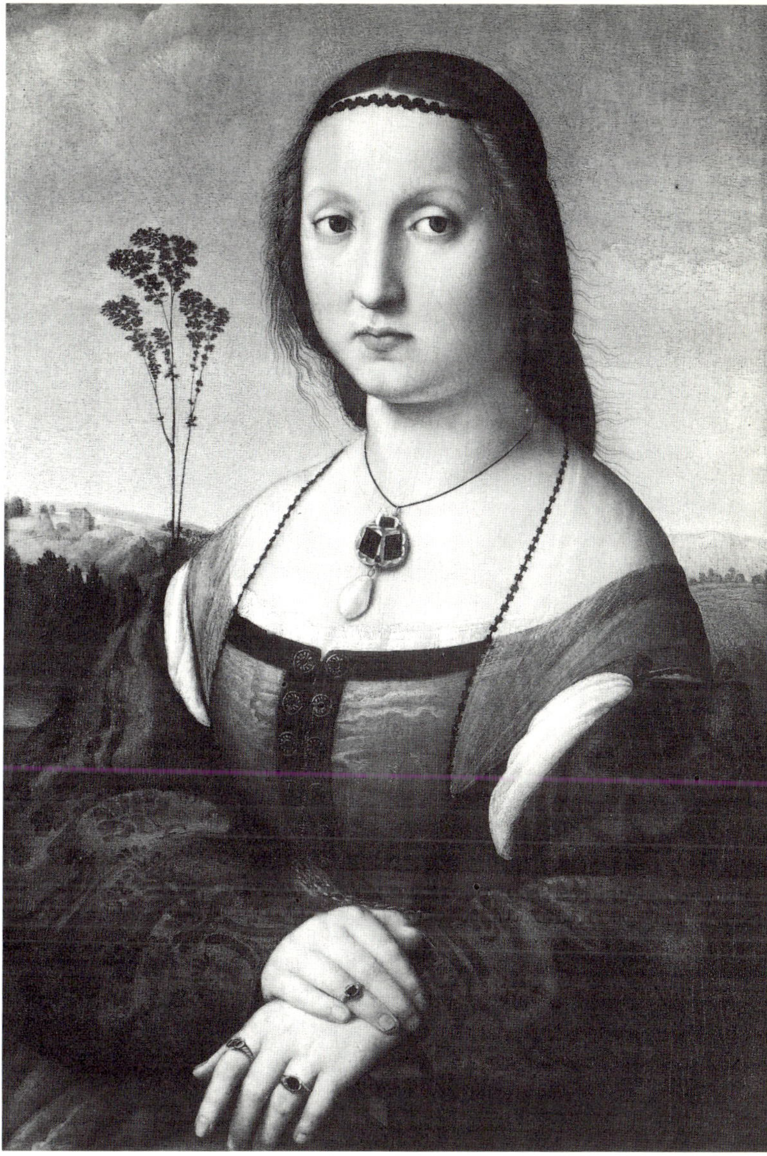

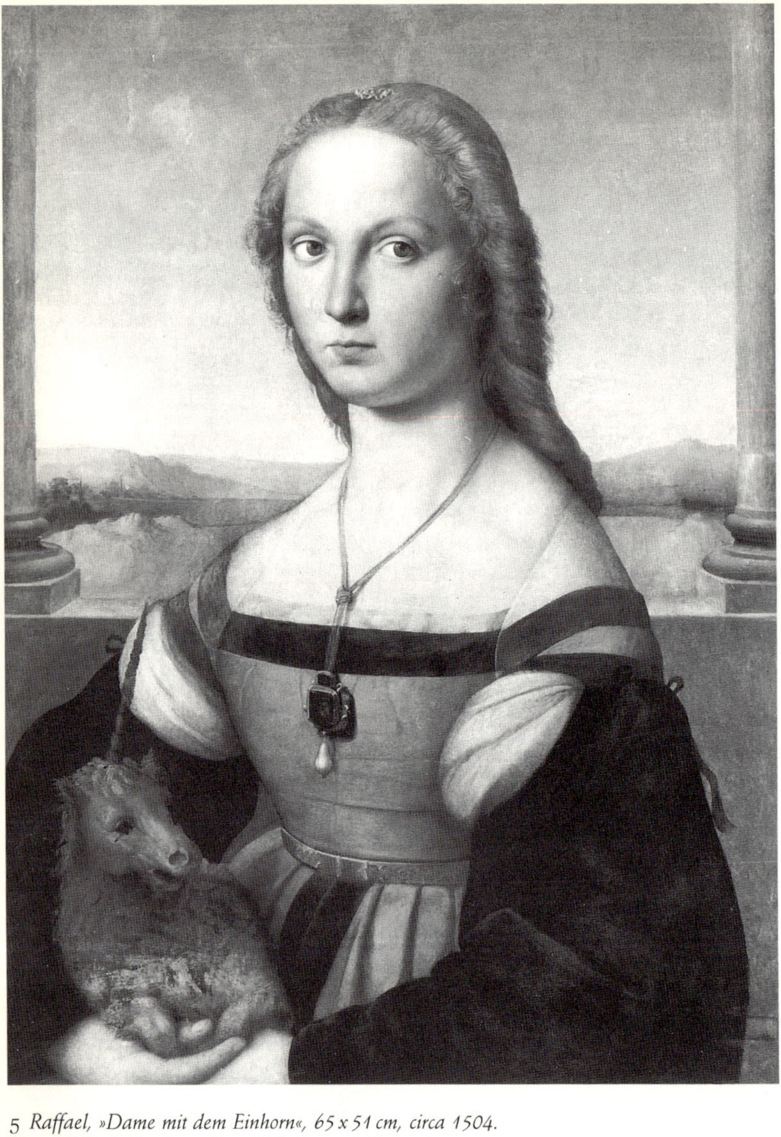

5 *Raffael, »Dame mit dem Einhorn«, 65 x 51 cm, circa 1504. Rom, Galleria Borghese. Das Einhorn symbolisiert die Unschuld der jungen, noch unverheirateten Frau.*

Landschaft zu zeigen, scheint in Übereinstimmung mit dem Konzept der »Mona Lisa« gefallen zu sein. Ursprünglich nämlich war für das Porträt Maddalenas die Darstellung eines Innenraumes vorgesehen, dessen einzige Öffnung zur Landschaft in einem Fenster bestand. Diese vielleicht konventionellere Lösung wurde aber während der Arbeit am Porträt Maddalenas zugunsten der offenen Landschaft aufgegeben.

Ebenfalls aufschlußreich für Raffaels Abhängigkeit von einer Porträtkonzeption Leonardos ist seine sogenannte »Dame mit dem Einhorn« von ca. 1504 *(Abb. 5)* sowie die dazugehörige Vorzeichnung *(Abb. 6)* aus derselben Zeit. In beiden

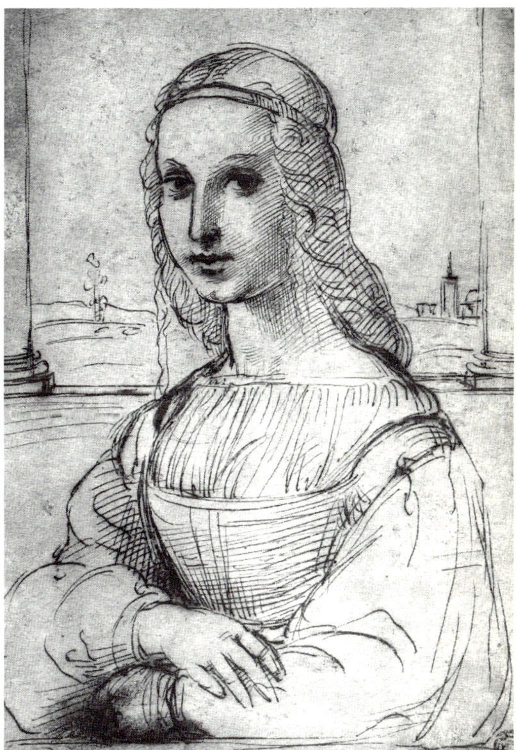

6 *Raffael, Porträtzeichnung, 22,3 x 15,9 cm, circa 1504. Paris, Musée du Louvre. Ähnliche flankierende Säulen hatte Leonardo auch für die »Mona Lisa« vorgesehen.*

Werken befindet sich die dargestellte Frau vor einer Brüstung, die den Vordergrund vom Landschaftshintergrund trennt und somit schon an die »Mona Lisa« erinnert. Wichtiger noch sind die sowohl im Gemälde als auch in der Vorzeichnung auftauchenden Halbsäulen, die Kopf und Schulter der Porträtierten rahmen. Ähnliche Halbsäulen waren seit der ersten Hälfte des 15. Jahrhunderts ein Charakteristikum der flämischen Malerei, und auch Leonardo hat solche Säulen in Lisas Porträt zunächst malen wollen. In der Tat zeigen einige Kopien des Porträts der Lisa del Giocondo *(Abb. 7)* noch diese Halbsäulen. Die vollendete Version der »Mona Lisa« weist jedoch nur vertikale Fragmente jener Säulen auf, die auf den meisten Abbildungen nicht mehr zu erkennen sind. Leonardo muß also während der Arbeit die ursprünglich vorgesehenen Halbsäulen auf kaum noch wahrnehmbare Details reduziert haben. Das Auftauchen dieser flankierenden Halbsäulen in der »Dame mit dem Einhorn« und in der Pariser Zeichnung läßt vermuten, daß Raffael um 1504 unmittelbaren Einblick in Leonardos Entwurfsprozeß für Lisas Porträt hatte. Er mag also einen Karton gekannt haben, der noch die ursprünglich geplanten Halbsäulen aufwies. Diese intime Kenntnis der Werke Leonardos bestätigen im übrigen auch Raffaels um 1504 entstandene Skizzen nach der »Leda« und der »Anghiarischlacht« Leonardos.

Die vom Künstler oder vom Auftraggeber getroffene Entscheidung, die ursprünglich für das Porträt der »Mona Lisa« geplanten Halbsäulen auf vertikale Fragmente zu reduzieren, könnte sogar direkt von einem Vorbild inspiriert gewesen sein, nämlich von Hans Memlings Madonna des Triptychons für Benedetto Portinari *(Abb. 8–10)*. Diese kleinformatige Madonna *(Abb. 9)* wies ursprünglich, vor der allseitigen Beschneidung des

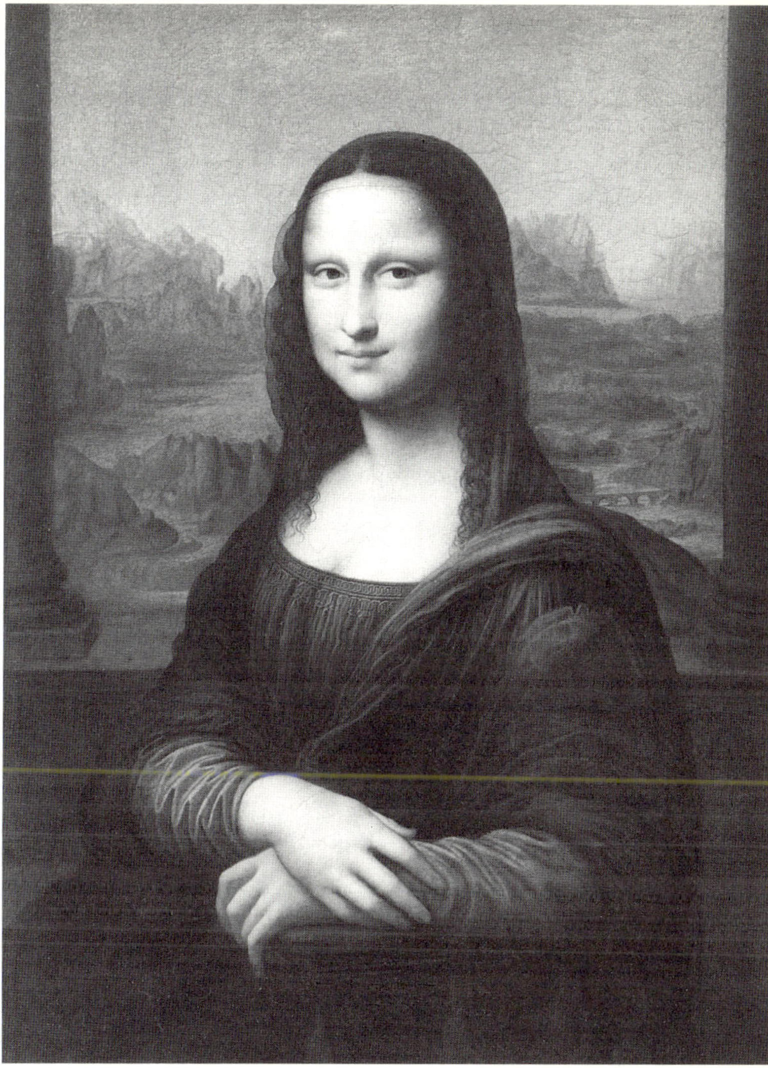

7 Kopie der »Mona Lisa«, 83 x 65 cm. Paris, Musée du Louvre. Diese Kopie des 16. Jahrhunderts zeigt noch flankierende Säulen, wie sie ursprünglich auch für die »Mona Lisa« vorgesehen waren.

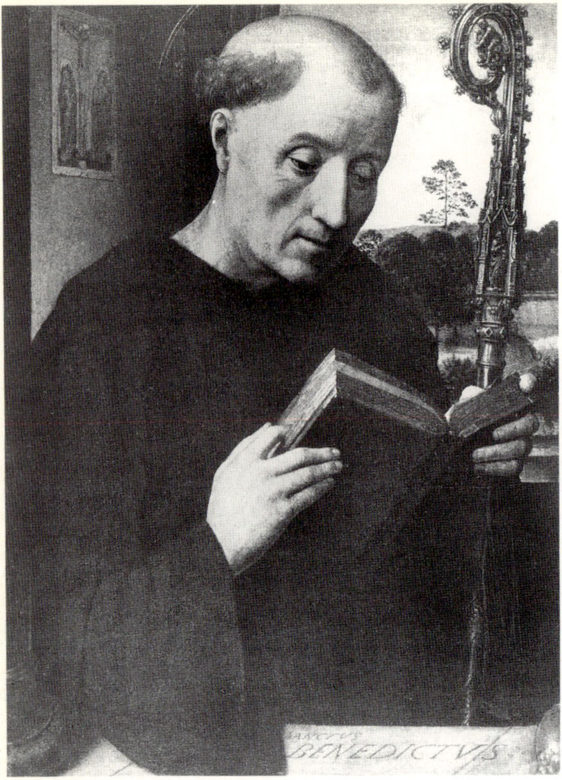

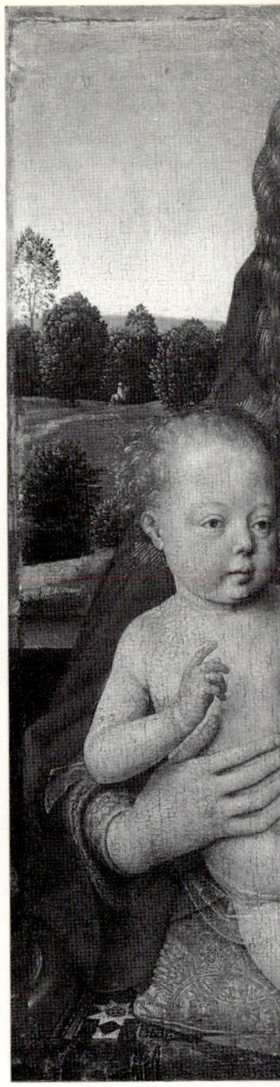

Gemäldes im 18. und seiner Restaurierung im 19. Jahrhundert, ähnlich fragmentierte Säulenschäfte auf. Zudem war das gesamte Triptychon, das neben der zentral plazierten Madonna den heiligen Benedikt auf der einen Seite und auf der anderen ein Porträt Benedetto Portinaris umfaßte, von Säulen gerahmt. Sowohl Francesco del Giocondo als auch Leonardo dürften dieses prominente Beispiel flämischer Kunst in Florenz gekannt haben, da sich das 1487 entstandene Triptychon in der Familienkapelle der Portinari im Ospedale di Santa Maria Nuova befand, also in den Räumen jener Institution, bei der Leo-

8 *Hans Memling, Der Heilige Benedikt, 45,5 x 34,5 cm, 1487. Florenz, Uffizien.*

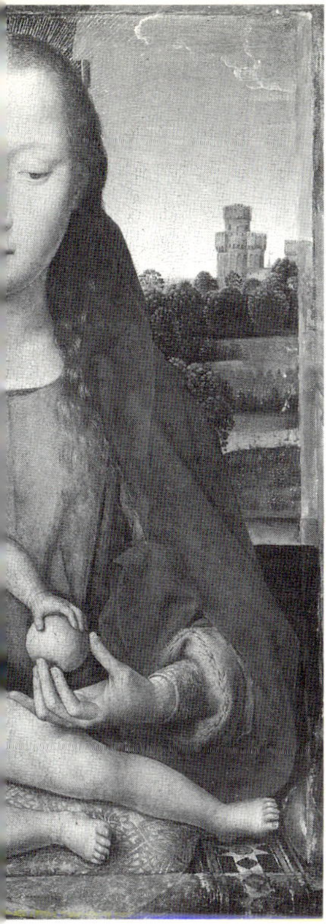

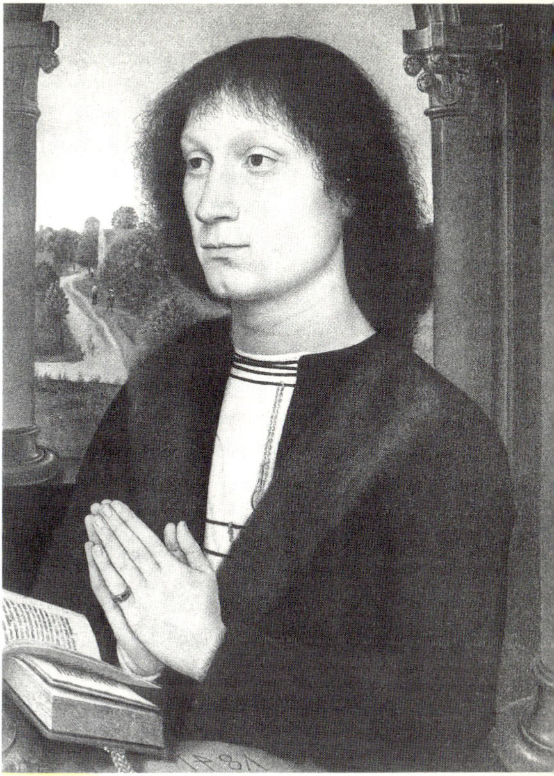

9 *Hans Memling, Madonna, 43 x 31 cm, 1487. Berlin, Stiftung Preußischer Kulturbesitz. Diese Madonna wies ursprünglich flankierende Säulen auf, die Leonardo inspiriert haben könnten.*

10 *Hans Memling, Benedetto Portinari, 43 x 32 cm, 1487. Florenz, Uffizien.*

nardo sein Bankkonto unterhielt und zu eben der Zeit recht häufig ein- und ausging. Darüber hinaus hatte Leonardo auch persönliche Verbindungen zur Portinari-Familie, die wiederum etwa der gleichen Gesellschaftsschicht angehörte wie die Familie Francesco del Giocondos. Die Porträts von der Hand Raffaels und die formalen Parallelen zur Madonna des Portinari-Triptychons bezeichnen demnach den Datierungsrahmen für die »Mona Lisa«.

Tradition und Auftrag

Kaum ein bürgerliches Porträt des ausgehenden 15. oder beginnenden 16. Jahrhunderts entstand völlig unabhängig von einer Tradition, und kaum ein Porträt wurde ohne einen bestimmten Anlaß in Auftrag gegeben. Widmen wir uns zunächst der Tradition, die allerdings aufgrund einer gewissen Verlustrate von Renaissanceporträts sowie wegen der häufig schwierigen Datierungen nur bruchstückhaft aufgezeigt werden kann. Lisas Porträt erinnert in einigen Elementen an die flämische Bildnismalerei des 15. Jahrhunderts, so im Fall der bereits erwähnten flankierenden Säulen. Allerdings waren ähnliche Säulen gegen Ende des Quattrocento auch schon in die Florentiner Porträttradition übernommen worden, z. B. in einem Werk Lorenzo di Credis, das in seiner Anlage der »Mona Lisa« recht nahe kommt *(Abb. 11)*: Auch dieses Porträt zeigt die dargestellte Frau beinahe in Lebensgröße und mit einem leicht aus der Blickachse gedrehten Oberkörper. Die Dargestellte wendet ihr Gesicht fast frontal dem Betrachter zu, und die Hände, die hier kleine Blumen halten, wetteifern in ihrer Prominenz mit dem Gesicht. Ebenso wie die »Mona Lisa« ist auch dieses Frauenporträt außergewöhnlich groß. Leonardo, der mit Lorenzo di Credi in der Werkstatt Andrea del Verrocchios zusammengearbeitet hatte, mag einige Elemente dieses Gemäldes zum Vorbild für seine »Mona Lisa« genommen haben.

Auch Leonardos Einfall, die Hintergrundlandschaft der »Mona Lisa« verhältnismäßig tief zu legen, scheint zunächst auf flämische Vorbilder zurückzugehen, doch Porträts mit tieferliegenden Landschaftshintergründen gab es bereits vor 1500 auch in Mittel- und Norditalien. Zu denken

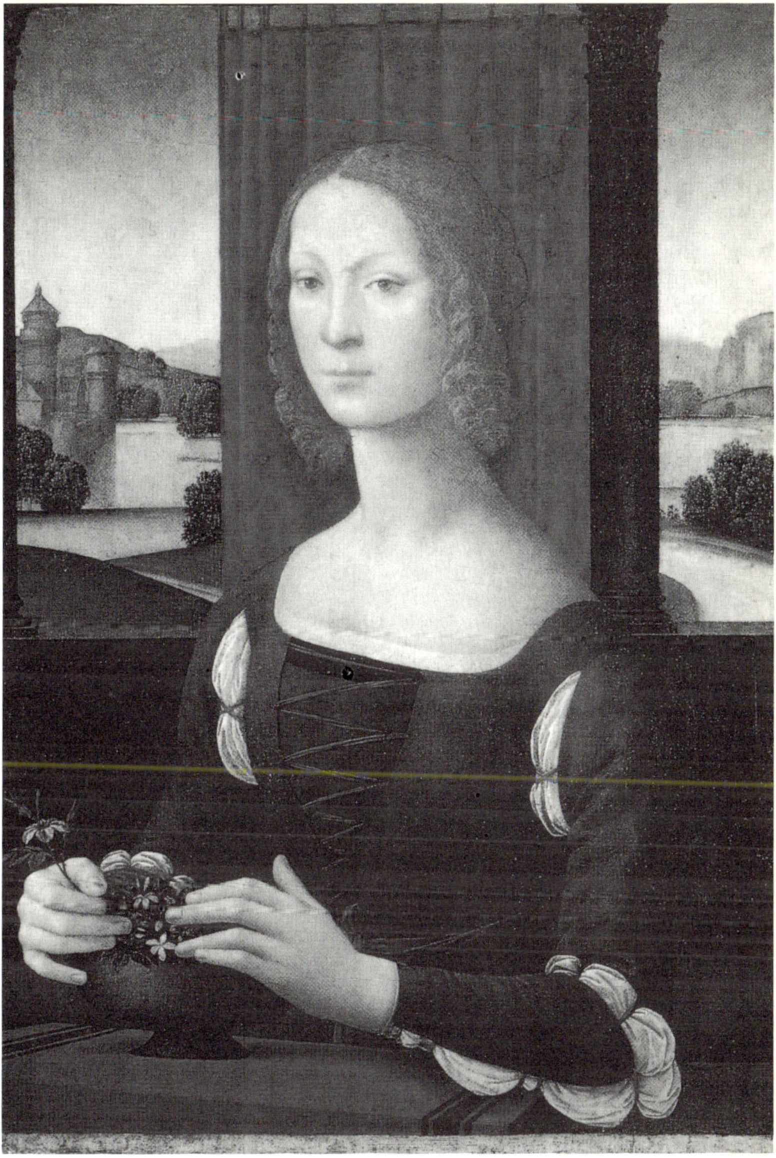

11 *Lorenzo di Credi, Frauenporträt, 75 x 54 cm, circa 1490. Forlì, Pinacoteca civica. Dieses Porträt war möglicherweise ein Vorbild für Leonardos »Mona Lisa«.*

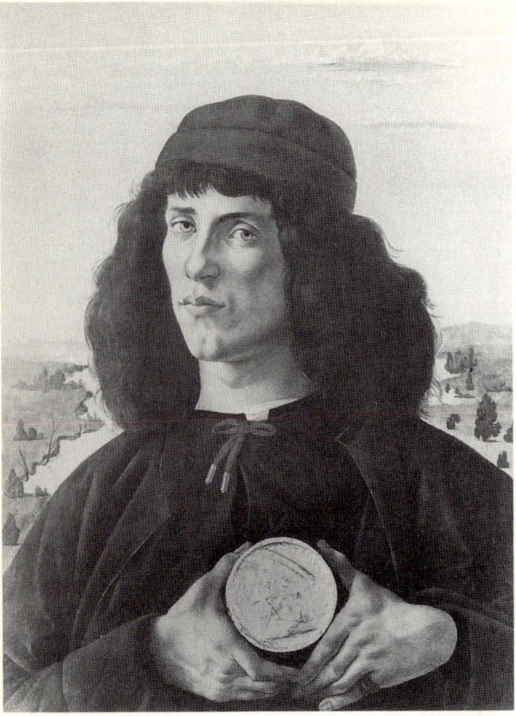

12 *Sandro Botticelli, Porträt eines Mannes mit der Medaille, 57,5 x 44 cm, circa 1460–1470. Florenz, Uffizien.*
Ein Bildnis vor einem tiefliegenden Landschaftshintergrund, das flämischen Porträts der Zeit sehr nahesteht.

wäre hierbei an Piero della Francescas Doppelporträt von Federigo da Montefeltre und seiner Frau Battista Sforza aus dem Jahr 1465 (Florenz, Uffizien) oder an Botticellis Porträt des Mannes mit der Medaille *(Abb. 12)*. Die Elemente flämischer Malerei in Lisas Porträt dürften um 1503 beinahe altmodisch gewirkt haben, denn tatsächlich war diese Malerei in Florenz hauptsächlich bis in die siebziger und achtziger Jahre des Quattrocento in Mode gewesen. Den anachronistisch anmutenden Bezug auf die flämische Porträtkunst könnte man versuchsweise damit erklären, daß die nordeuropäische Malerei vor allem wegen ihrer realistischen Darstellungsweise und ihrer Frömmigkeitshaltung geschätzt wurde. Diese Verbindung von Realismus und Religiosität mag für einen gottesfürchtigen bürgerlichen Auftraggeber in den Jahren nach der Hinrichtung Savonarolas (1498) in Florenz attraktiv gewesen sein, denn die heftige Kritik des radikalen Dominikanerpredigers an einer verweltlichten und dem Luxus verpflichteten Kunst mußte noch vielen Zeitgenossen in den Ohren geklungen haben.

Auch Lisas Handhaltung läßt sich vor allem in früheren flämischen Bildnissen nachweisen, so in einigen Porträts von Memling oder in einem um 1460 entstandenen Frauenporträt Rogier van der Weydens *(Abb. 13)*. Hingegen weisen nur

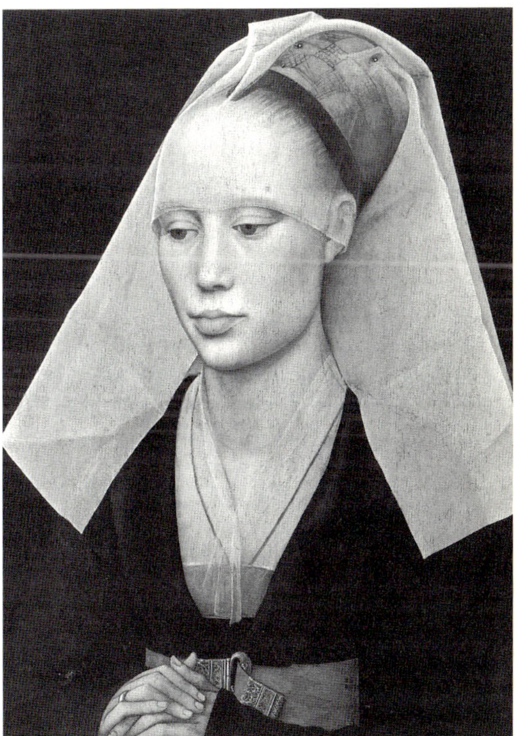

13 *Rogier van der Weyden, Porträt einer Frau, 37 x 27 cm, circa 1460. Washington, National Gallery of Art, A. W. Mellon Collection. Eines der zahlreichen Beispiele für die Darstellung einer sittsamen weiblichen Handhaltung.*

wenige Bildnisse aus den Werkstätten italienischer Meister diese spezifische Handhaltung auf, so z. B. Filippo Lippis Doppelporträt eines Florentiner Ehepaares *(Abb. 14)*, das um 1440, wohl anläßlich einer Hochzeit, entstanden ist. Das recht ungewöhnliche Bild zeigt in erster Linie die im Profil gegebene Frau, während der Mann, gestützt auf ein Tuch mit dem Wappen seiner Familie, offenbar von außen in den Bildraum eindringt. Neben der Gegenüberstellung von Mann und Frau fällt vor allem das Gestenspiel der Hände auf, das hier eine besondere Bedeu-

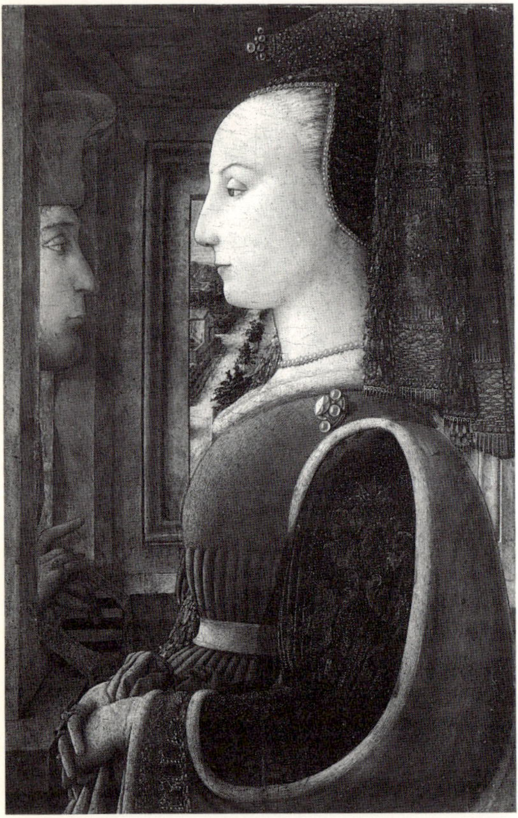

14 *Filippo Lippi, Doppelporträt eines Florentiner Ehepaares, 63 x 41 cm, circa 1440. New York, The Metropolitan Museum of Art, Marquand Collection. Das Doppelporträt entstand wohl anläßlich einer Hochzeit.*

15 *Filippo Lippi, Madonna, 95 x 62 cm, circa 1460. Florenz, Uffizien.*

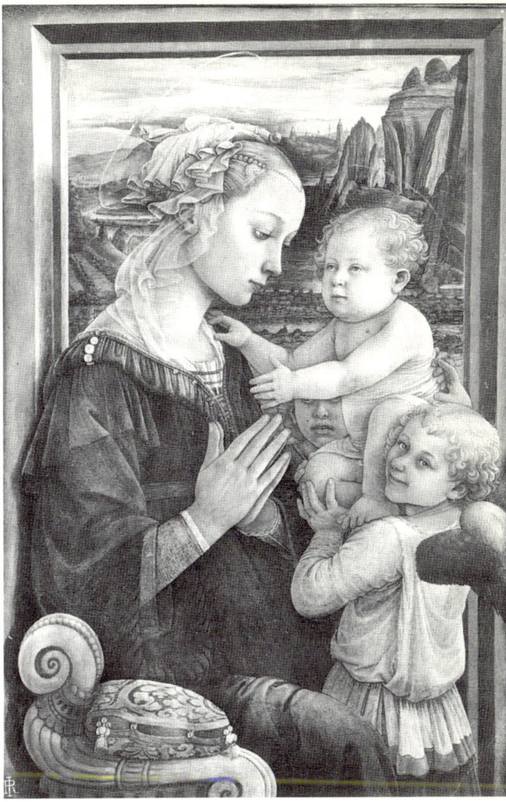

tung gehabt haben mag. So steht dem passiven Gestus der Frau die aktivere Stellung des Mannes gegenüber, dessen erhobene Finger besondere eheliche Ansprüche anzeigen könnten. Insgesamt gesehen aber waren Hände, die nichts halten, nichts verrichten oder wenigstens in einem Andachtsgestus verharren, in der Florentiner Porträtmalerei vor und um 1500 recht selten. Lisas Porträt weicht hier also von der italienischen Tradition ab. Ähnlich ließe sich der Landschaftshintergrund einstufen, der in seiner Verbindung von karger Vegetation und felsiger Ferne wohl ohne

Vorbild war. Einzelne Bestandteile – der auffällige Mangel an Vegetation, die felsigen Pfade und das Abblauen der Berge – lassen sich lediglich in älteren Madonnenbildern nachweisen. Zu nennen wären hier eine Mariendarstellung Filippo Lippis *(Abb. 15)* oder auch Leonardos »Madonna mit der Spindel« *(s. Abb. 3)*. Ebenso war das für ein Frauenporträt jener Zeit ungewöhnliche Motiv einer annähernd frontal gezeigten Sitzenden, die noch dazu hoch über einer Landschaft thront, insbesondere aus Mariendarstellungen bekannt. Tatsächlich taucht ein erkennbares Sitzmotiv in Florentiner Frauenporträts vor 1500 nicht auf, und die unter Lisas linkem Arm deutlich sichtbare Lehne eines hölzernen Möbels erinnert etwa an den Knauf der Sitzgelegenheit der Madonna Filippo Lippis. In seiner formalen Anlage ähnelt das Sitzmotiv der »Mona Lisa« *(Abb. 16)* auch einer Madonna des Alessio Baldovinetti *(Abb. 17)*, die hoch über einer in die Bildfläche geklappten Landschaft thront. Die wirklich neuen Elemente im Porträt der »Mona Lisa« lassen sich also am ehesten aus Madonnendarstellungen ableiten.

Die heute erhaltenen Porträts der Renaissance erscheinen häufig als recht schwer zugängliche künstlerische Schöpfungen, da in den meisten Fällen weder die Identität der Dargestellten noch die eigentlichen Entstehungsbedingungen der einzelnen Bildnisse bekannt sind. Grundsätzlich aber kann gelten, daß dem Auftrag für ein Bildnis in der Regel ein konkreter Anlaß zugrunde lag und daß Porträts in vielen Fällen spezifische Bedürfnisse befriedigen sollten. Auch im Falle der »Mona Lisa« dürfte es sich nicht wesentlich anders verhalten haben. Ein konkreter Anlaß oder ein bestimmtes Motiv für die Bestellung des Porträts der Lisa del Giocondo ist um so wahrscheinlicher, als Francesco del Giocondo – etwa

16 *Leonardo da Vinci, »Mona Lisa« (Ausschnitt). Die Dargestellte thront wie eine Madonna hoch über einer Landschaft. Ihr linker Arm ruht auf einer Lehne.*

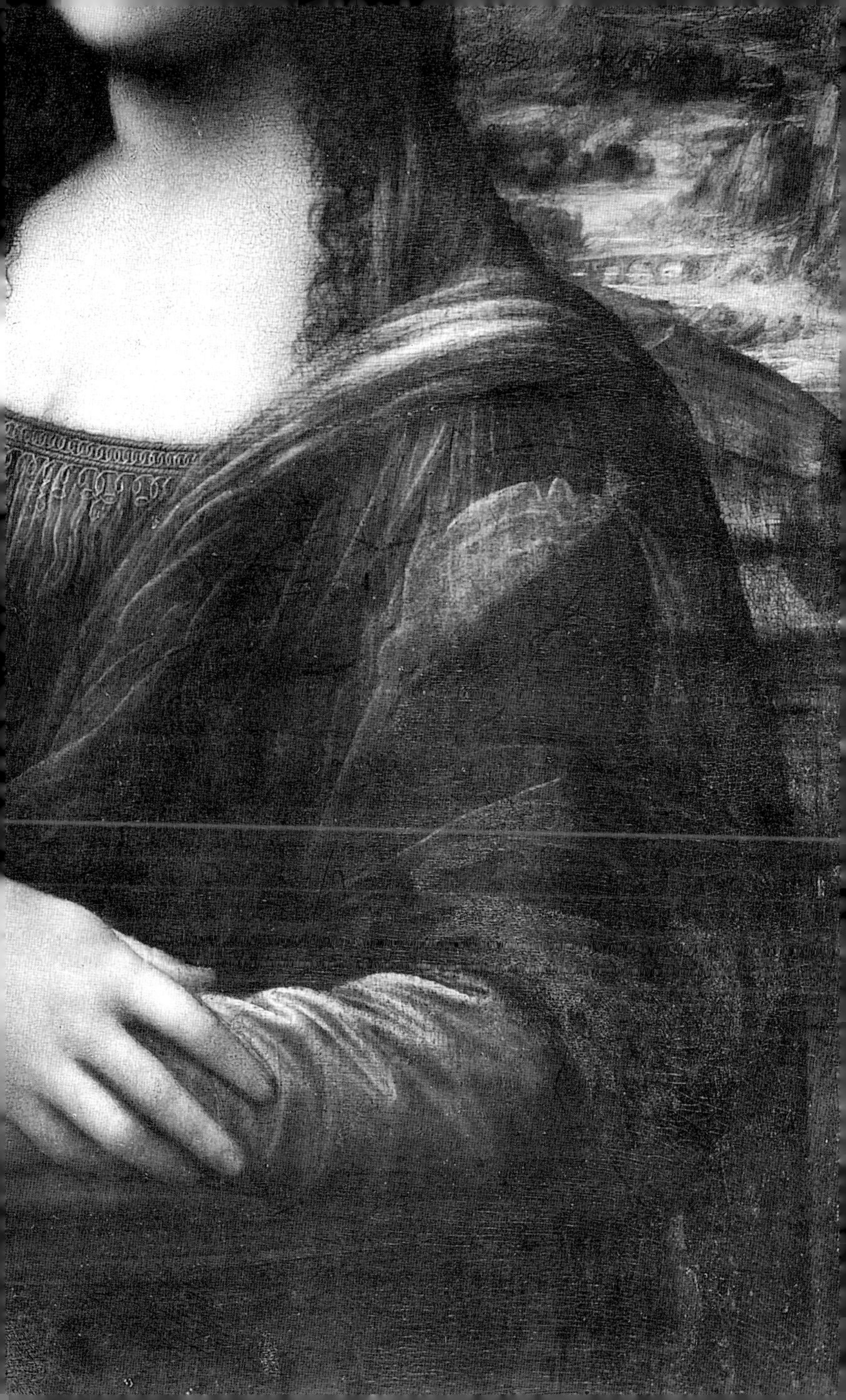

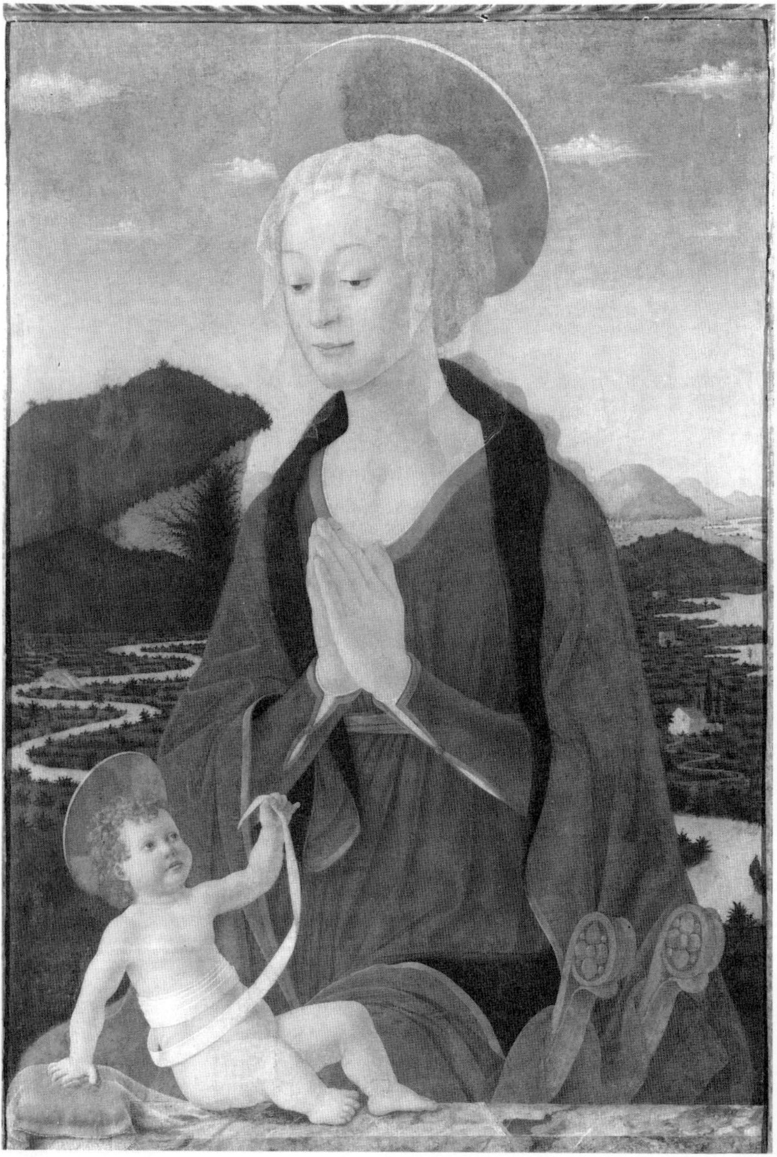

17 *Alessio Baldovinetti, Madonna, 106 x 75 cm, circa 1460–1470. Paris, Musée du Louvre. In der formalen Anlage, hoch über einer Landschaft sitzend, kommt diese Madonna dem Porträt der »Mona Lisa« nahe.*

in seiner Ausübung öffentlicher Ämter in Florenz, in seinem Testament oder bei der Ausstattung seiner Grabkapelle – keineswegs als eine Person erscheint, die aus einer bloßen Laune heraus ein Kunstwerk bestellt hätte. Sobald man nun als Termin für die Auftragsvergabe das Frühjahr 1503 annimmt, lassen sich die näheren Umstände und auch ein Motiv für die Bestellung des Porträts angeben. Dieses dürfte in einer bedeutsamen Umstrukturierung des Haushalts von Francesco del Giocondo zu finden sein.

Im April 1503 erwarb er in der Via della Stufa ein Haus *(Abb. 18)*, das neben dem alten Grundbesitz seines Vaters und seines Onkels lag und seiner Familie als neue Wohnung dienen sollte *(s. Abb. 2 u. 19.)*. Offenbar hatte er bis zu diesem Zeitpunkt einen Teil des unmittelbar benachbarten Gebäudekomplexes der Familie bewohnt und erst im Frühjahr 1503 einen eigenen, selbständigen oder zumindest neuen Haushalt gegründet. Jüngere Forschungen zeigen, daß im 15. und 16. Jahrhundert in Florenz die Gründung eines neuen Haushalts – neben der Heirat natürlich – ein wichtiger Anlaß war, Einrichtungsgegenstände und Kunstwerke anzuschaffen oder in Auftrag zu geben. Francesco dürfte also für die Ausstattung des neuen Hauses auch an Kunstwerke gedacht haben. Die Folgerung, daß der ebenfalls im Frühjahr 1503 erfolgte Auftrag für Lisas Porträt mit dieser Haushaltsgründung in einem ursächlichen Zusammenhang stand, ist daher naheliegend.

Aus den Angaben Vasaris und aus erhaltenen Dokumenten kann geschlossen werden, daß Francesco im Laufe seines Lebens mehrere Kunstwerke und Kunstgegenstände bestellt oder auf anderem Wege erworben hatte. So ließ er 1526 ein Altarbild für seine Grabkapelle in der Tribuna der SS. Annunziata anfertigen, und 1521

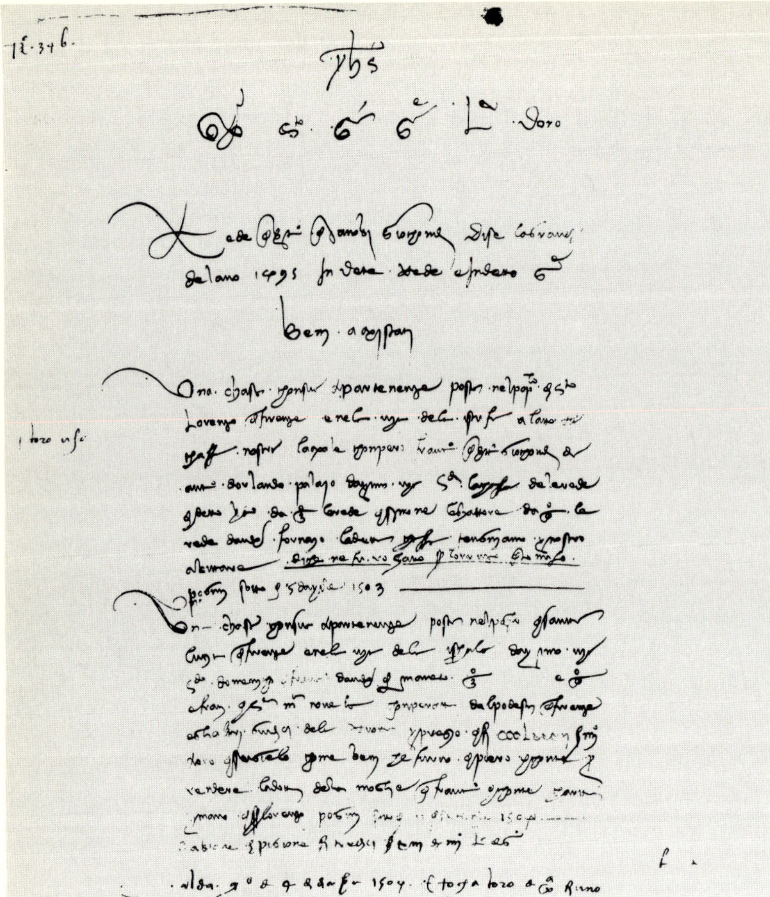

18 *Grundbucheintrag für Francescos Hauskauf. Florenz, Staatsarchiv. Francesco del Giocondo erklärt, im April 1503 eine neue Behausung in der Via della Stufa gekauft zu haben.*

hatte er sich aus einem Nachlaß derselben Kirche etwa ein Dutzend kleiner Kunstwerke übereignen lassen, die ihm vermutlich zur Ausstattung seines Hauses dienen sollten oder als Geschenke an seine Tochter Ludovica gingen. Der Auftrag für ein Kunstwerk anläßlich der Gründung seines neuen Haushalts war also für Francesco nichts Außergewöhnliches. Es bleibt allerdings

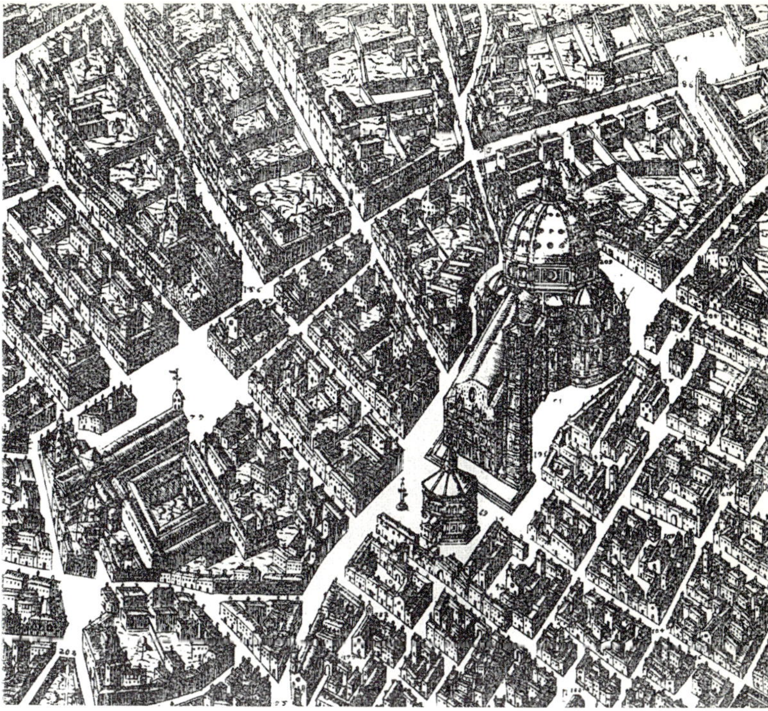

19 *Bonsignori, Stadtplan von Florenz, Holzschnitt, 1584. Am linken Rand ist die Piazza di San Lorenzo erkennbar, in deren Mitte die Via della Stufa einmündet; in dieser Straße wohnte Francesco del Giocondo mit seiner Familie.*

zu klären, warum er sich nach dem Erwerb des neuen Hauses ausgerechnet für ein Porträt seiner Frau entschieden hat. Eine mögliche Antwort ergibt sich aus der besonderen Zuneigung Francescos für seine Frau, von der oben bereits die Rede war. Des weiteren könnte man darüber nachdenken, ob Francesco del Giocondo sich durch die in der SS. Annunziata populäre Anbringung lebensgroßer und realistisch gebildeter Porträtfiguren (aus Wachs) hat inspirieren lassen. Diese Figuren wurden zum Beispiel dann angefertigt, wenn eine Person oder eine Familie ihre Dankbarkeit für eine von Gott erwiesene Gunst oder für ein abgewendetes böses Schicksal zum Ausdruck bringen wollte.

Tatsächlich weisen konkrete Ereignisse der Familiengeschichte von Francesco del Giocondo auf eine glückliche Fügung des Schicksals hin, die mit der Entstehung von Lisas Porträt in einem Zusammenhang stehen könnte. Am 12. Dezember 1502 nämlich hatte Lisas zweiter Sohn Andrea ohne folgenschwere Komplikationen das Licht der Welt erblickt. Das freudige Ereignis muß im Falle der Familie Giocondo eine nicht zu unterschätzende Bedeutung gehabt haben. Die Kinder- und Kindbettsterblichkeit zu jener Zeit war extrem hoch, und dies dürfte Francesco und Lisa del Giocondo besonders schmerzlich bewußt gewesen sein. Vor seiner Verbindung mit Lisa hatte Francesco bereits zwei Ehefrauen verloren, und zwar jeweils ungefähr ein Jahr nach der Heirat. In einem Fall erfolgte der Tod der Gattin sogar kurz nach der Geburt eines Kindes. Diese Todesfälle lassen vermuten, daß die beiden ersten Frauen Francescos direkt im Kindbett oder in den ersten Wochen nach der Niederkunft verschieden waren. Francescos dritte Frau, Lisa, hatte offenbar die Geburt ihres ersten Sohnes Piero (1496) gut überstanden, doch dann im Jahre 1499 eine Tochter im Wochenbett verloren. Eine Geburt war also auch im Falle von Francescos dritter Frau ein tragisch vorbelasteter Umstand. Als daher im Frühjahr 1503, etwa vier Monate nach der Geburt von Andrea, Mutter und Kind wohlauf waren, durfte Francesco annehmen, daß beide das freudige Ereignis gut überstehen würden. Diese Hoffnung gab mit großer Wahrscheinlichkeit den Anlaß dafür ab, bei der Ausstattung des neuen Hauses auch an ein Porträt der Ehefrau zu denken.

Kunst im Kontext der Familie

In der Zeit um 1500 konnten Ereignisse wie Hochzeit, Schwangerschaft, Geburt und andere Begebenheiten des Familienlebens Anlässe für die Bestellung von Kunstwerken im allgemeinen und von Porträts im besonderen liefern. Die bekanntesten Beispiele hierfür sind die Bilder auf Hochzeitstruhen, die anläßlich einer Heirat in Auftrag gegeben wurden und deren Bildinhalte häufig auf Brautwerbung, Hochzeit und Kindgeburt anspielten. Aber auch »Deschi da parto«, d.h. Geburtsteller, Bilder der Heiligen Familie und Porträts wurden bestellt, wenn familienrelevante Ereignisse zu feiern waren. Naheliegende Parallelen sind die Werke Michelangelos und Raffaels für die Doni-Familie, denn diese wurden exakt während jenes Zeitraumes bestellt, als Leonardo am Porträt der Lisa del Giocondo arbeitete. So war Michelangelos Gemälde der »Heiligen Familie« *(Abb. 20)*, der sogenannte »Tondo Doni«, im Januar 1504, anläßlich der Heirat zwischen Maddalena Strozzi und Agnolo Doni, in Auftrag gegeben worden. Man kann diesen »Tondo« – sowohl hinsichtlich der von den Auftraggebern gewünschten Bildinhalte als auch im Sinne eines künstlerischen Wettstreites – sogar als ein Gegenbild zur zeitgleich entstandenen »Mona Lisa« ansehen. Die typologisch ganz unterschiedlichen Gemälde sind einander zunächst in formaler Hinsicht verwandt, denn beiden gemeinsam ist eine auffallend deutliche Zweiteilung des Bildraumes in Vorder- und Hintergrund. Räumlich vor dieser Unterteilung befindet sich der eigentliche Gegenstand der Darstellung, bei Leonardo die porträtierte Lisa del Giocondo, bei Michelangelo die anläßlich der Hochzeit bestellte »Heilige Familie«.

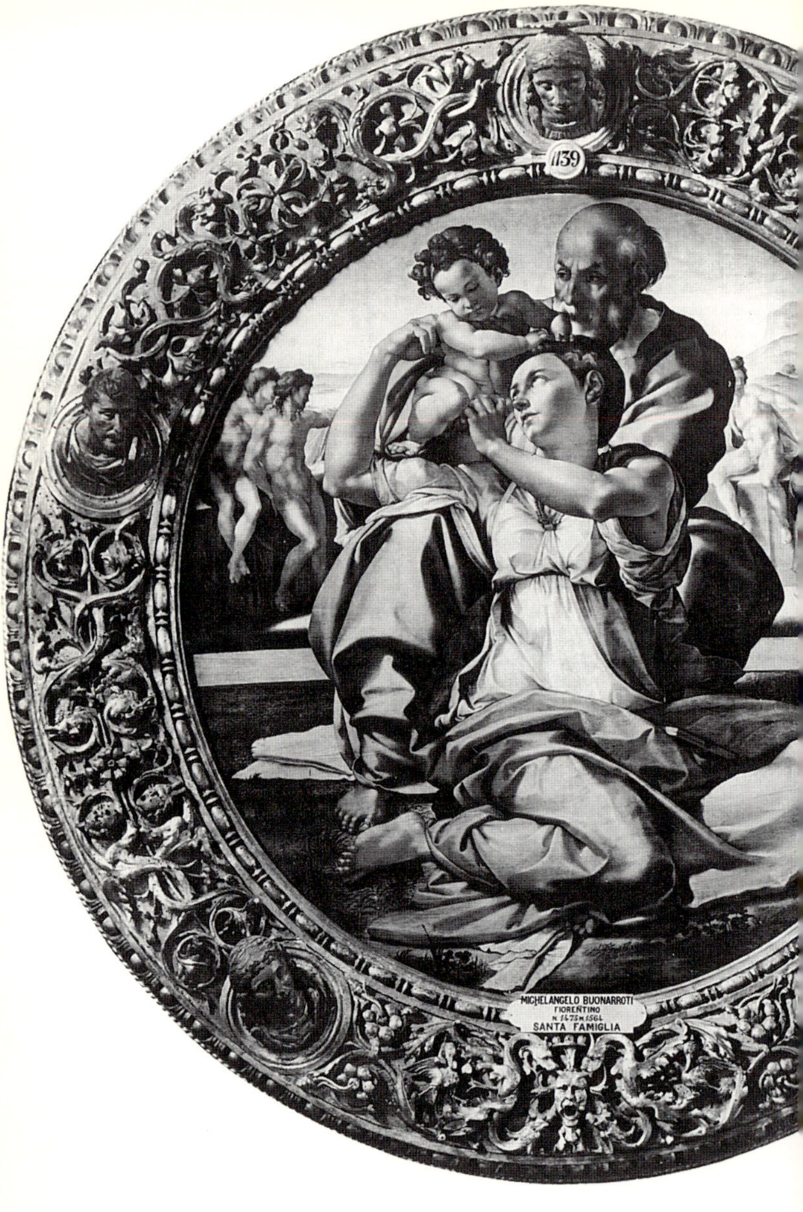
1139
MICHELANGELO BUONARROTI
FIORENTINO
N. 1475 M. 1564
SANTA FAMIGLIA

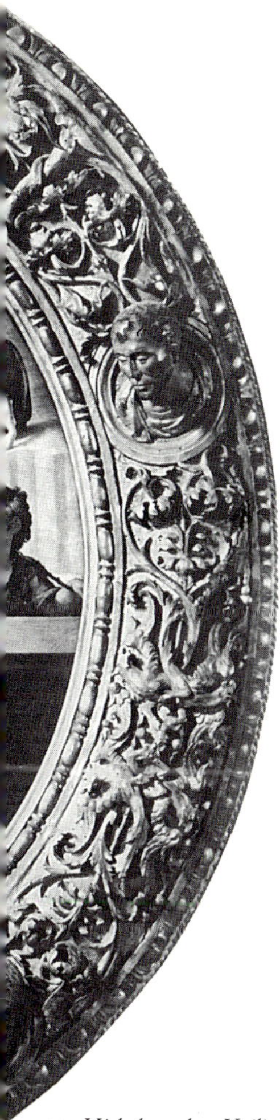

20 *Michelangelo, »Heilige Familie« (Tondo Doni), Durchmesser 91 und 80 cm, 1504. Florenz, Uffizien. In seiner Lebhaftigkeit und den Farbkontrasten ein künstlerisches Gegenbild zur »Mona Lisa«?*

Im Porträt der Mona Lisa spiegelt sich die kontemplative Ruhe einer bereits gegründeten und etablierten Familie wider, während die weitaus dynamischere Komposition der Vordergrundfiguren im »Tondo Doni« der im Aufbruch befindlichen, eher aktiven und soeben gegründeten Familie Agnolo Donis entsprechen sollte. Mit diesen unterschiedlichen Intensitäten bildlicher Dynamik, die sich unmittelbar aus der Auftragslage erklären lassen, korrespondierten auch die sehr verschiedenen Konzepte der beiden Künstler. Leonardo, der ältere Meister (geb. 1452), konzentrierte sich auf einen harmonischen Ausgleich zwischen den verschiedenen Bildelementen; so setzte er die Hell-Dunkel-Kontraste (zum Beispiel zwischen Gesicht und Haar) vorsichtig ein, vermied das harte Aufeinandertreffen von Lokalfarben, modellierte mit weichen Schatten und versuchte offenbar, alle Gegensätze (etwa zwischen Vorder- und Hintergrund) auf ein Minimum zu beschränken. Demgegenüber bevorzugte Michelangelo (geb. 1475) eine akzentuiertere Lichtführung, härtere Schatten, den Gegensatz der Lokalfarben und einen stärkeren Kontrast zwischen eher bewegten Bildelementen (etwa zwischen den Gewandfalten im Vorder- und den Aktfiguren im Hintergrund). Auch die von Vasari zur Erzfeindschaft stilisierte Konkurrenz zwischen Leonardo und Michelangelo scheint im Porträt der Lisa del Giocondo und dem »Tondo Doni« einen formalen Ausdruck gefunden zu haben. Der persönliche Stil der beiden Künstler entsprach damit sowohl den Ansprüchen des Auftrages als auch den konkurrierenden Konzepten der beiden Rivalen.

Ein weiteres Beispiel für einen Auftrag, der im Zusammenhang eines bestimmten Familienereignisses verständlicher wird, ist Raffaels bereits erwähntes Porträt der Maddalena Doni *(Abb. 22)*.

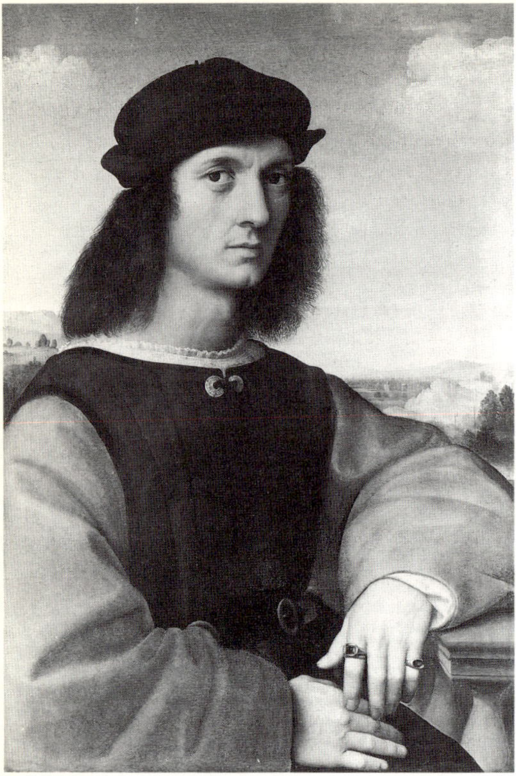

21 *Raffael, Porträt des Agnolo Doni, 65 x 45,8 cm, 1504–1506. Florenz, Palazzo Pitti.*

23 *Maestro di Serumido, Rückseite von Raffaels Porträt des Agnolo Doni (wie Abb. 21). Der Untergang der Menschheit durch eine Flut.*

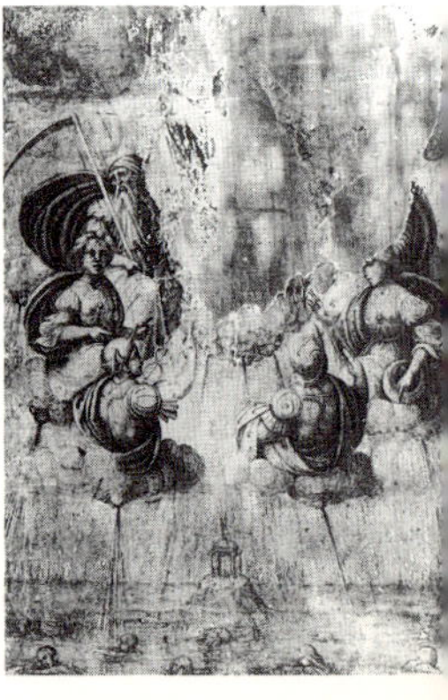

Das Bildnis war zusammen mit seinem Pendant, dem Porträt Agnolo Donis *(Abb. 21)*, innerhalb der ersten zwei Jahre nach der Heirat Maddalenas mit Agnolo entstanden. Der Anlaß des Auftrages läßt sich aus den Rückseiten der beiden Doni-Bildnisse erschließen, auf denen die in den Metamorphosen Ovids (5,260–414) überlieferte Geschichte von Deukalion und Pyrrha verbildlicht wird. Auf der Rückseite des Porträts von Agnolo Doni ist die Vernichtung der Menschheit durch eine verheerende Flut dargestellt *(Abb. 23)*, während an der entsprechenden Stelle des Frauenporträts Deukalion und Pyrrha Steine hinter sich werfen, aus denen ihre Nachkommen

22 *Raffael, Porträt der Maddalena Doni, 65 x 45,8 cm, 1504–1506. Florenz, Palazzo Pitti. Die Bestellung dieses Porträts hing mit dem Wunsch nach Kindern zusammen.*

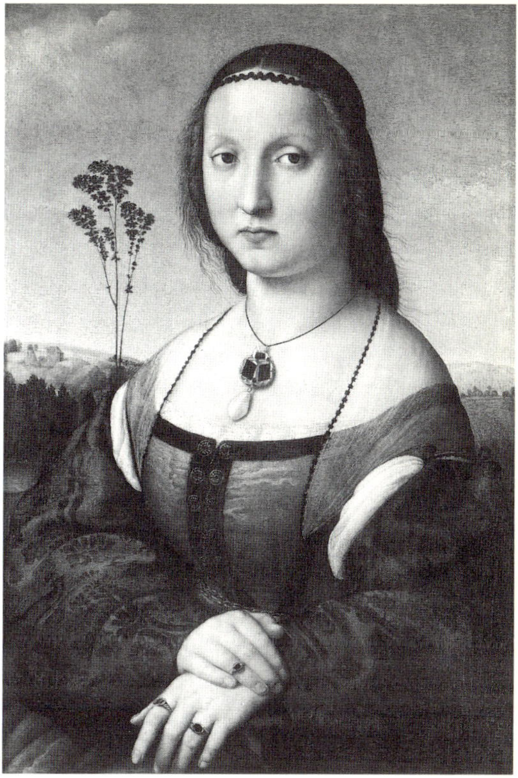

24 *Maestro di Serumido, Rückseite von Raffaels Porträt der Maddalena Doni (wie Abb. 22). Die dargestellte Neugründung des menschlichen Geschlechts durch Deukalion und Pyrrha verweist auf den Kinderwunsch des Ehepaars Doni.*

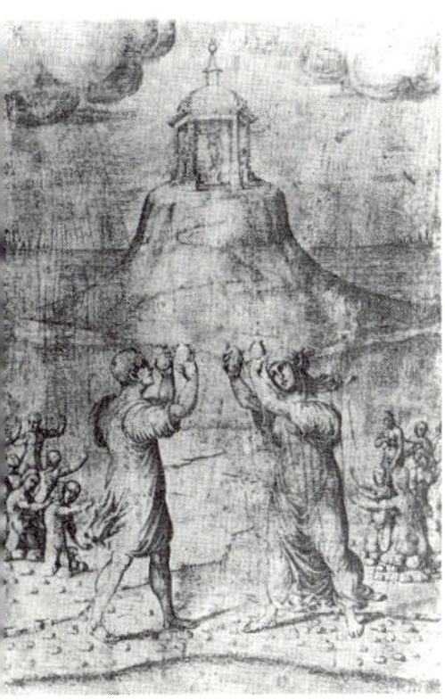

entspringen *(Abb. 24)*. Mit diesem Hinweis auf die Neubegründung des menschlichen Geschlechts thematisiert das Bild insbesondere die Fruchtbarkeit der Braut und die Bedeutung der Kindgeburt für die Gründung einer Familie. Die Beschwörung der Fruchtbarkeit war im Falle der Doni-Familie insofern besonders aktuell, als der ersehnte Stammhalter zunächst auf sich warten ließ. Tatsächlich kann man diese Deutung der Rückseite auch dem Porträt selbst entnehmen: Ein Baum als Symbol der sich fortpflanzenden Familie scheint der rechten Schulter Maddalena Donis zu entspringen. Eine vergleichbare Symbolik des Baumes als Zeichen für die Familie und ihre Verzweigungen findet sich auf der Rückseite von Memlings Porträt Benedetto Portinaris.

Die Beschwörung der Kindgeburt und deren Bedeutung für die Familie konnten in einem Porträt auch weniger verschlüsselt zum Ausdruck gebracht werden. So hatten etwa Botticelli und Raffael schwangere Frauen gemalt. Das von Botticelli wohl zwischen 1480 und 1500 in Florenz gemalte Bildnis der Smeralda Brandini *(Abb. 25)* zeigt eine deutlich als Schwangere erkennbare Frau, deren Figur links von einer Säule und rechts von einer offenen Tür flankiert wird. Die Säule mag traditionell als Symbol der Tugend stehen, und die offene Tür ist als Symbol des Todes gedeutet worden. Weniger symbolträchtig ausgestattet erscheint ein etwas später entstandenes Bildnis einer unbekannten Schwangeren, das Raffael wohl gegen 1506, noch unter dem Eindruck der »Mona Lisa« gemalt hat *(Abb. 26)*. Lisas Porträt würde recht gut in diese Auftragstradition einer Malerei passen, in der auf die Bedeutung von Schwangerschaft und Geburt für die Florentiner Familie angespielt wird. Außerdem bezeichnen besonders die Doni-Porträts Raffaels, in welchem sozialen Umfeld sich Francesco mit der Bestellung eines Frauenporträts zu Beginn des 16. Jahrhunderts bewegte: Die formalen Parallelen zwischen den Porträts von Lisa del Giocondo und Maddalena Doni spiegeln bestehende Verbindungen zwischen den entsprechenden Familien wider, denn Maddalenas Bruder, Marcello Strozzi, unterhielt mit Francesco del Giocondo geschäftliche Verbindungen. Man könnte sogar noch etwas weiter gehen und auch die Unterschiede der beiden Porträts aus den differenten Ansprüchen der Auftraggeber zu erklären suchen. Das Bildnis der Maddalena Doni mit seiner Darstellung kostbarer Stoffe, kräftiger Farben und wertvollen Schmucks zeigt einen weit-

25 *Sandro Botticelli, »Smeralda Brandini«, 65,7 x 41 cm, circa 1480–1500. London, Victoria & Albert Museum. Ein Beispiel für das Porträt einer Schwangeren.*

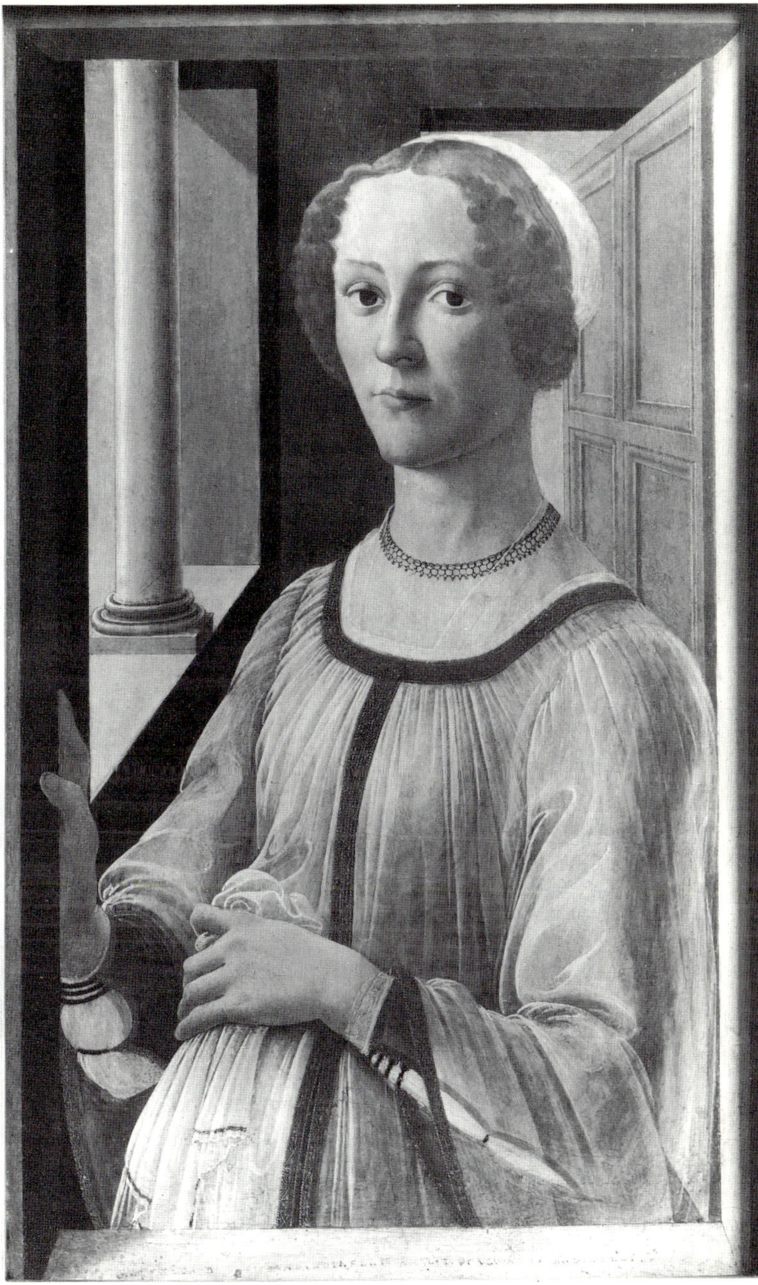

aus größeren materiellen Prunk als das Porträt der Mona Lisa. Dieser Unterschied korrespondiert dem Umstand, daß Francesco del Giocondo als Besteller von Kunstwerken eine weniger auffällige Figur war als Agnolo Doni, der einen bescheidenen Ruhm als Kunstsammler genoß.

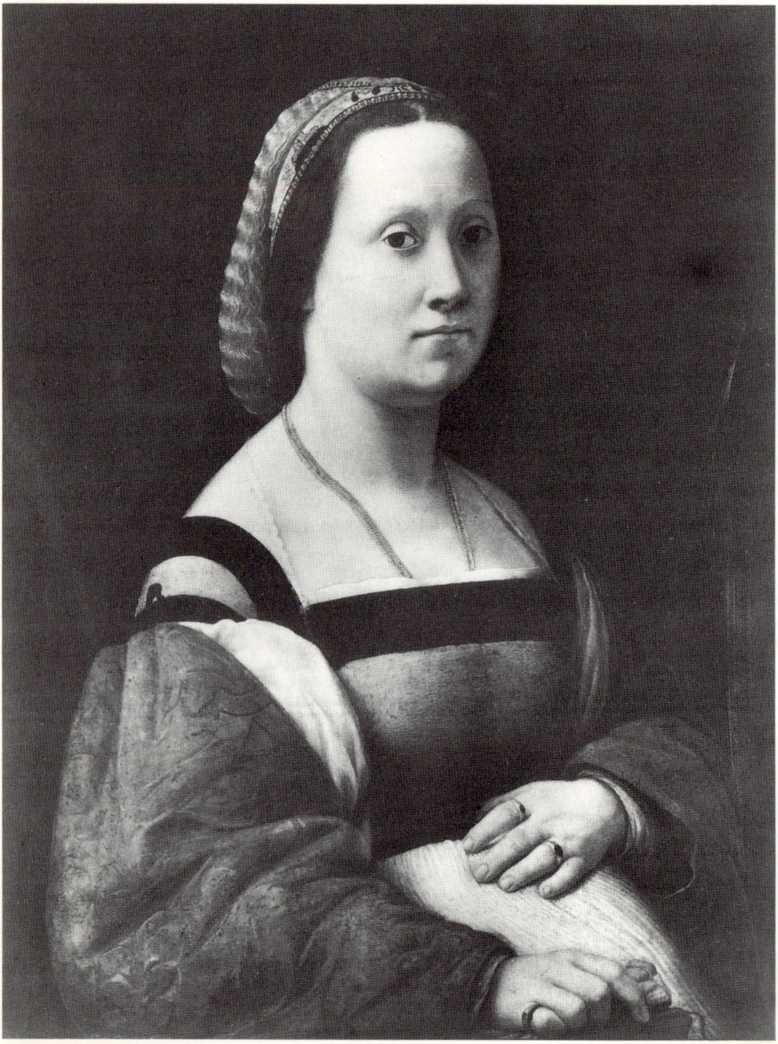

Das Porträt und sein Ort

Mit der bisherigen Analyse wurde versucht, die Entstehungszusammenhänge von Lisas Porträt, den konkreten Anlaß für seine Bestellung und den unmittelbaren kulturellen Kontext zu bestimmen. Beim Auftrag spielten jedoch noch weitere Aspekte eine Rolle, namentlich der ursprünglich vorgesehene Aufbewahrungsort für das Bildnis und die ideellen Erwartungen, die an seine Qualität geknüpft werden konnten. Bedauerlicherweise sind unsere Kenntnisse über die Hängung gerade von Frauenporträts im bürgerlichen Ambiente sehr bescheiden (Männerporträts scheinen etwas besser dokumentiert zu sein). Doch die ungewöhnliche Größe von Lisas Porträt (77 x 53 cm), die gegenüber den kleinformatigen flämischen Vorbildern recht beeindrukkend gewesen sein muß, läßt bereits einige Schlüsse zu. Zunächst begab sich Francesco mit der Bestellung eines besonders großformatigen Porträts auf das Anspruchsniveau bedeutender Florentiner Familien, die, wie etwa die Medici oder Tornabuoni, ähnlich dimensionierte Bildnisse in Auftrag gegeben hatten. Zu denken wäre hier an Porträts aus der Zeit vor 1500, die in etwa die Abmessungen der »Mona Lisa« erreichen, wie zum Beispiel Botticellis »Giuliano de' Medici« von circa 1476 bis 1478 *(Abb. 27)* sowie Antonio und Piero Pollaiuolos »Bildnis des Galeazzo Sforza« (Florenz, Uffizien, 65 x 42 cm), das 1471 in Florenz entstanden ist. An vergleichbaren Frauenporträts sind zu nennen: die Botticelli zugeschriebene sogenannte »Simonetta Vespucci« *(Abb. 28)* und Ghirlandaios »Porträt der Giovanna degli Albizzi« *(Abb. 29)*, die 1486 Lorenzo Tornabuoni geheiratet hatte.

Wichtiger aber erscheint die Bildgröße von Leo-

26 Raffael, »La Gravida«, 66,8 x 52,7 cm, circa 1506. Florenz, Palazzo Pitti. In dieser Darstellung einer Schwangeren ist der formale Einfluß der »Mona Lisa« spürbar.

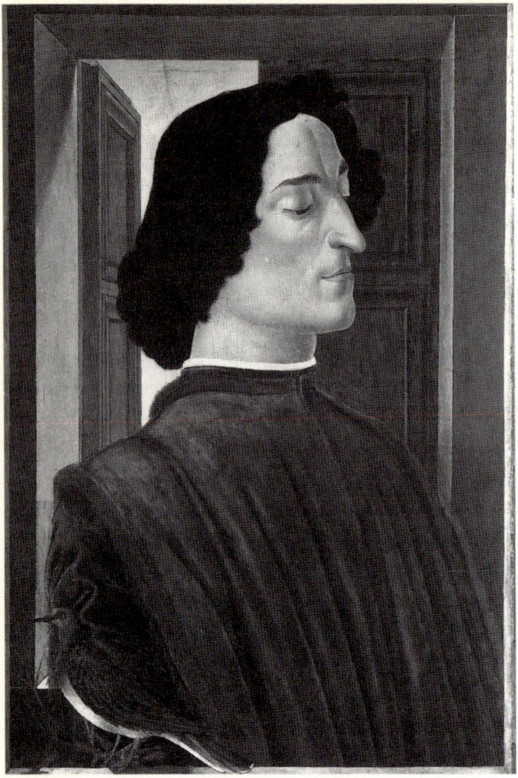

27 *Sandro Botticelli, »Giuliano de' Medici«, 75,6 x 52,6 cm, 1476–1478. Washington, National Gallery of Art, S. H. Kress Collection. Dem Format nach eines der größten Männerporträts vor 1500.*

nardos »Mona Lisa« im Kontext ihrer häuslichen Unterbringung. Besonders im Falle großformatiger Werke kann man annehmen, daß sie für ein bereits bestehendes Arrangement in einem schon bestimmten Raum oder Ambiente vorgesehen waren. Dies kann auch für Lisas Porträt gegolten haben, dessen Bestellung ja ursächlich mit dem Kauf eines neuen Hauses zusammenhing. Aller Wahrscheinlichkeit nach hatte Francesco in seinem neu einzurichtenden Domizil ein bestimmtes Zimmer für das Porträt seiner Frau vorgesehen. Hierbei dürfte es sich entweder um das »studiolo« oder, eher noch (aufgrund der

Größe des Bildes und weil Francesco keine literarischen Ambitionen gehabt zu haben scheint), um die sogenannte »camera« gehandelt haben, die in der Regel mit einem großen Bett, einer Hochzeitstruhe und Wandbehängen sowie mit einzelnen Kunstwerken ausgestattet war. Für den bildlichen Schmuck solcher Räume, deren künstlerische Ausstattung oft ein beträchtliches Niveau erreichte, existierten bestimmte Vorstellungen hinsichtlich des Dekorums. So ist in zeitgenössischen Briefen davon die Rede, daß die Anbringung von Schlachtenbildern in Schlafzim-

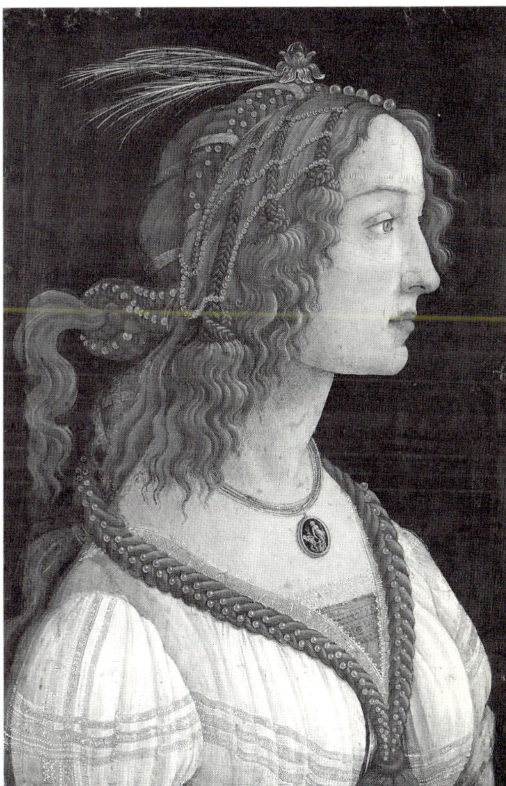

28 *Sandro Botticelli (?), »Simonetta Vespucci«, 82 x 54 cm (etwa 2 cm angestückelt), circa 1490. Frankfurt am Main, Städelsches Kunstinstitut. Vielleicht das dem Format nach größte vor 1500 entstandene Frauenporträt.*

mern (z. B. diejenigen Uccellos im Medici-Palast) unangemessen sei. Allgemeiner argumentierte um die Mitte des 15. Jahrhunderts Leon Battista Alberti, der für das Schlafzimmer Ausstattungselemente forderte, die vielleicht gar nicht so weit von jener Schönheit entfernt waren, die Leonardo für Francesco del Giocondo im Porträt seiner Frau hatte verwirklichen sollen. In seinem Buch über die Baukunst, »De re aedificatoria«, schreibt Alberti: »Dort, wo man sich mit der Frau vereinigt, sind ausschließlich besonders noble und schöne gemalte menschliche Formen zu empfehlen, denn, so sagt man, dies sei sehr wichtig für die Empfängnis der Frauen und die Schönheit der Nachkommen.«

Neben diesen allgemeinen Vorstellungen zur angemessenen Ausstattung bestimmter Räume dürfte es noch andere Erwartungen gegeben haben, die in Porträts wie dem der »Mona Lisa« zum Ausdruck gebracht wurden. In dem wahrscheinlich für Lisas Porträt vorgesehenen Ambiente dominierten religiöse Kunstwerke. Aus Florentiner Haushaltsinventaren läßt sich zudem folgern, daß Porträts von Frauen häufiger als solche von Männern beinahe ausschließlich von Bildwerken religiösen Inhalts oder devotionaler Funktion umgeben waren. So befanden sich Frauenporträts wie das der Giovanna degli Albizzi *(Abb. 29)* oder der Alfonsina de' Medici ausschließlich in der Gesellschaft von religiösen Bildern. Im Gegensatz dazu hing das bereits genannte Porträt Galeazzo Sforzas im Medici-Palast zusammen mit einem anderen männlichen Porträt und den Schlachtenbildern Paolo Uccellos. Diese allgemeine Tendenz, die natürlich auch Ausnahmen von der Regel kennt, spiegelt nicht nur die unterschiedlichen sozialen Rollen von Frau und Mann wider; sie mag auch eine Erklärung für einige religiöse Elemente in

29 *Domenico Ghirlandaio, »Giovanna degli Albizzi«, 77 x 49 cm, 1488. Madrid, Sammlung Thyssen-Bornemisza.*

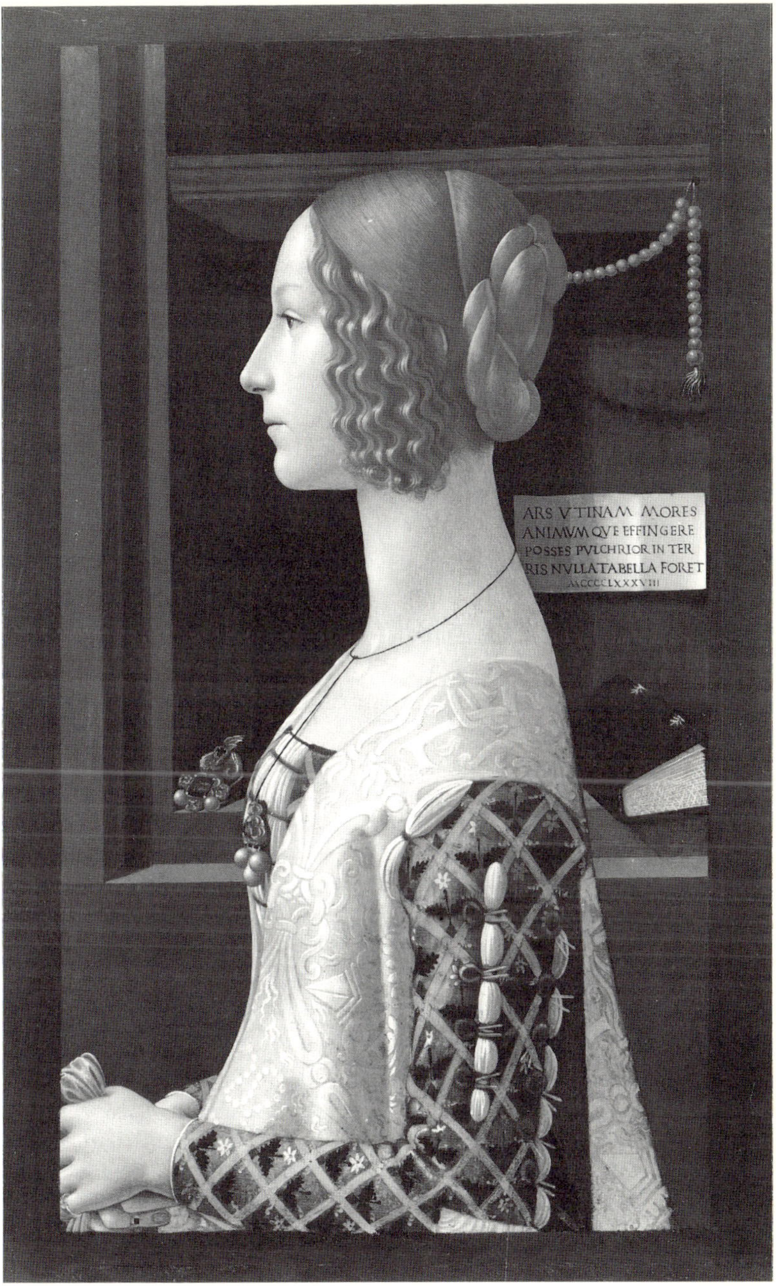
ARS VTINAM MORES
ANIMVM QVE EFFINGERE
POSSES PVLCHRIOR IN TER
RIS NVLLA TABELLA FORET
MCCCCLXXXVIII

Lisas Porträt sein, die im Vergleich zu Memlings Madonna für Benedetto Portinari *(s. Abb. 9)* oder in einer Madonna Baldovinettis zu Tage treten *(s. Abb. 17)*. Die Haltung der »Mona Lisa« hat in der Tat die Vermutung provoziert, dieses Porträt sei ursprünglich als ein religiöses Bild konzipiert gewesen. Als eine bessere Erklärung erscheint jedoch folgende Annahme: formale Parallelen zwischen religiösen Bildwerken und einem Frauenporträt konnten dem Umstand Rechnung tragen, daß Frauenporträts tendenziell eher als Bildnisse von Männern in einem vorwiegend oder ausschließlich von religiösen Bildern dominierten Kontext hingen. Die der Devotion dienende Schönheit religiöser Bilder mag also gelegentlich in Porträts bürgerlicher Frauen auftauchen, weil deren Schönheit nicht aus Kleidung, Schmuck und Schminke resultieren sollte, sondern vielmehr aus der inneren seelischen Verfassung, aus christlicher Frömmigkeit. Ganz in diesem Sinne beschreibt Gerolamo Savonarola im Februar 1497 die aus der christlichen Andacht resultierende Schönheit als ein Charakteristikum gottesfürchtiger Personen: »Ihr Frauen sollt euch nicht der Schönheit rühmen. Häßlich seid ihr doch alle. Wollt ihr die Schönheit der Seele sehen? Habt Acht auf eine fromme Person, Mann oder Frau, die vergeistigt ist. Habt Acht, sage ich, wenn sie in Andacht ist, wenn in ihr jene Wärme der göttlichen Schönheit aufsteigt; und wenn sie vom Gebet zurückkehrt, wirst du die Schönheit Gottes in jenem Gesicht widerscheinen sehen und ein engelsgleiches Antlitz.« Savonarola beschreibt hier kein Kunstwerk, doch seine Beschwörung einer vom christlichen Glauben inspirierten Schönheit könnte man als das Ideal der Zeit verstehen, dem die weibliche Schönheit und ihr malerisches Abbild zu entsprechen hatten.

Hinweise auf soziale Normen

Savonarolas Forderung nach Frömmigkeit und Andacht ließe sich etwas vereinfacht als eine Variante sozialer Normen bezeichnen, deren Essenz formal in einem Frauenporträt zum Ausdruck kommen konnte. Die formalen Parallelen zwischen Lisas Porträt und den Madonnenbildern sind, so könnte man argumentieren, unmittelbarer Ausdruck eines für tugendhafte Frauen geforderten Verhaltenskodex. Das Leben der Maria hatte Modellcharakter für jede christlich erzogene Frau, und aus der Madonnentradition in die Porträtmalerei übernommene Bildformeln trugen diesem Anspruch Rechnung.

Ein ähnlicher Bezug auf soziale Normen und an ein Ideal weiblicher Lebensführung dürften auch Lisas Bekleidung und ihr schwarzer Schleier sein. Die bisher einfachste Erklärung für diesen Schleier und für ihre dunkle Kleidung war die Annahme, daß Lisa in Trauer um ihre 1499 verstorbene Tochter dargestellt sei. Diese Annahme basiert allerdings auf einer unrichtigen Auslegung der Quellen und kollidiert zudem mit der Datierung des Gemäldes auf das Jahr 1503. Außerdem fehlen verläßliche Informationen sowohl über die Trauerkleidung als auch über Trauersitten im Hinblick auf den Tod von Kleinkindern. Ebensowenig existiert eine in dieser Hinsicht passende Tradition weiblicher Trauerporträts. Abgesehen davon würden wohl weder Lisas Lächeln noch ihr Decolleté dem Bild einer Trauernden entsprochen haben.

Zunächst ist in der Kleidung Lisas eine gewisse Idealisierung der Darstellung unverkennbar, die sich etwa auch im Fehlen ehelicher Ringe an ihrer linken Hand bemerkbar macht. Man mag aber nicht an eine nur idealisierte Darstellung denken, da etwa Lisas Handhaltung – dazu weiter unten – ein Hinweis auf konkrete soziale Normen ist. Was die Kleidung anbelangt, so war diese im 16. Jahrhundert gebunden an entsprechende Vorschriften, die vorherrschende Mode und den persönlichen Geschmack. Die bevorzugt dunkle Kleidung und der schwarze Schleier Lisas könnten also auch mit der zeitgenössischen Mode und der Kleiderordnung in Verbindung gestanden haben. Tatsächlich galt der dunkle Schleier als obligatorisches Ausstattungsstück verheirateter Frauen, das in Italien bis vor wenigen Jahren noch beim Kirchgang vorgeschrieben war. Der dunkle Schleier als traditionelles Accessoire der weiblichen Garderobe bezeugte zudem Gottesfurcht und drückte andere persönliche Tugenden aus, die allgemein mit dem moralisch einwandfreien und christlichen Lebenswandel verheirateter Frauen in Zusammenhang gebracht werden konnten. Ferner galt die schwarze Kleiderfarbe oder Schwarz überhaupt als ein Zeichen von Würde, Einfachheit oder Standhaftigkeit. Diesen Eindruck schlichter persönlicher Würde einerseits und sozialer Norm andererseits sollte vermutlich auch Lisas Kleidung vermitteln. Hierzu würden jedenfalls das auffällige Fehlen von Schmuck und das eher zurückhaltende Dunkel der Stoffe passen. Gleichzeitig deuten die Ärmel aus senffarbenem Samt und die Stickereien des aus Seide gewobenen Oberkleides unübersehbar an, daß es sich bei der Dargestellten nicht um die Frau eines armen Mannes handelt. In der Tat zählte besticktes Tuch zu den kostbarsten Stoffen überhaupt, und man mag sogar in dieser Zurschaustellung wertvoller Stoffe einen Hinweis auf den Beruf von Francesco del Giocondo sehen, der als Seidenhändler an einer Darstellung teuren Schmuckes nicht sonderlich interessiert gewesen sein konnte.

Eine noch konkretere Erklärung für das gewählte Gewand dürfte eine Mode schwarzer oder dunkler Kleidung gewesen sein, die aus Spanien stammte und in Italien im Jahr 1502 anläßlich der Hochzeit von Lucrezia Borgia und Alfonso d'Este eingeführt worden war. Sowohl Francesco del Giocondo als auch Leonardo werden diese Mode gekannt haben, denn Francesco handelte ja mit Stoffen, und Leonardo war zu jenem Zeitpunkt für den Bruder der Braut, Cesare Borgia, tätig und stand zudem in Verbindung mit der Schwester des Bräutigams, Isabella d'Este. Lisa selbst war sicherlich über zeitgenössische Moden informiert, und die Pracht ihrer einfachen, aber kostbaren Kleidung mag ein modischer Kompromiß zwischen gängigen Vorschriften und ihrem Wunsch nach modischer Aktualität gewesen sein.
Ein weiterer Bezug auf eingelöste soziale Normen ist Lisas Handhaltung, die in einer Quelle des ausgehenden Quattrocento als wünschenswerte Geste für sittsame Frauen beschrieben wurde und generell als Gestus der Bescheidenheit oder gar der Unterwerfung galt. Wie Kleidung und Handhaltung der Dargestellten einem sozialen Kontext entsprechen, so verweisen auch die an Madonnenbilder erinnernden Elemente des Porträts und seine häusliche Bestimmung auf normative Erwartungen, die für christliche Frauen selbstverständlich gewesen sein mußten und deren bildliche Repräsentation in anderen Frauenporträts überliefert ist. Diese normativen Erwartungen lassen sich unter den Begriff der Tugend subsumieren, und Darstellungen von Tugend finden sich um 1500 in einer ganzen Reihe von Frauenporträts.

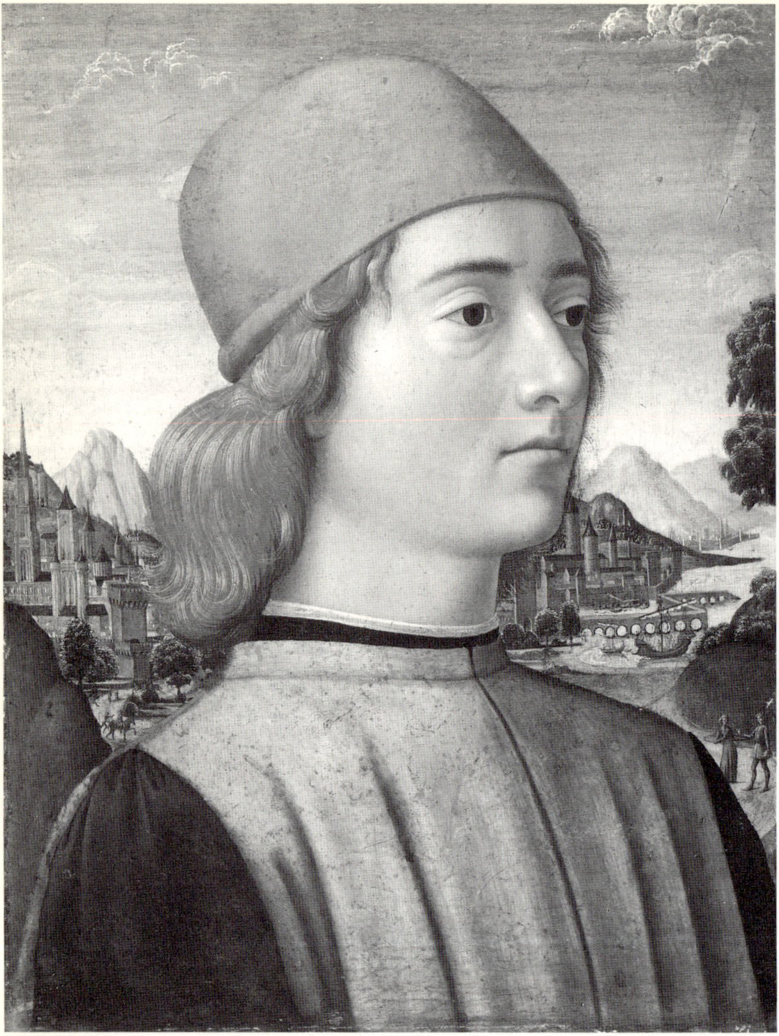

30 *Sebastiano Mainardi, Männerporträt, 43,2 x 33 cm, circa 1490–1500. Berlin, Stiftung Preußischer Kulturbesitz. Das Bildnis des Mannes weist keine Tugendsymbole auf, dafür aber eine zur geschäftigen Welt hin geöffnete Landschaft.*

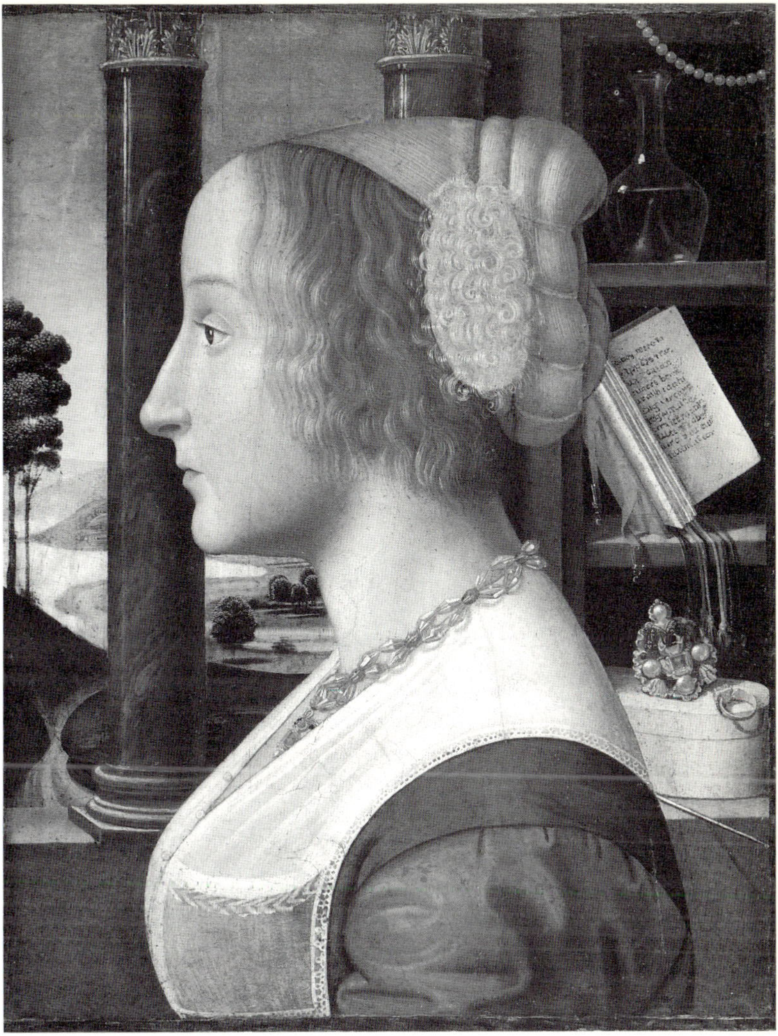

31 *Sebastiano Mainardi, Frauenporträt, 43 x 33 cm, circa 1490–1500. Berlin, Stiftung Preußischer Kulturbesitz. Darstellung der Frau vor einem häuslichem Hintergrund und mit Tugendsymbolen.*

Porträt, weibliche Tugend und die Kunst der Malerei

In der Zeit um 1500 finden sich Versinnbildlichungen der Tugend häufiger in Frauen- als in Männerporträts. Typische Beispiele hierfür sind Sebastiano Mainardis Porträts eines Mannes *(Abb. 30)* und einer Frau *(Abb. 31)* sowie Raffaels Bildnisse von Agnolo und Maddalena Doni *(s. Abb. 21 u. 22)*. In beiden Fällen weisen jeweils die männlichen Pendants im Gegensatz zu den Frauenporträts keine prägnanten Tugendsymbole auf. Mainardis Männerbildnis steht mit seinem weit geöffneten Hintergrund und der Aussicht auf eine nordische Stadt, die geschäftige Betriebsamkeit und weltoffene Handlungsbereitschaft suggeriert, in einem lebhaften Gegensatz zum eher häuslich anmutenden Bildnis der Frau. In diesem heimelig wirkenden Bereich der Haus-Frau, dessen Ausstattung dem Ambiente von Madonnenbildern auffällig ähnelt *(Abb. 32)*, finden sich Symbole des Anspruchs auf einen tugendhaften Lebenswandel: Die Gebetskette oben rechts und das Gebet- oder Stundenbuch verweisen deutlich auf die Frömmigkeit wie das gläserne Gefäß auf die Reinheit der Dargestellten. Man kann in diesem Zusammenhang sogar die Säulen als Tugendsymbole deuten. Diese »hintergründige« Unterscheidung zwischen der weltoffenen Domäne des Mannes und dem sowohl räumlich als auch symbolträchtig stärker eingegrenzten Bereich der Frau ist bei den Doni-Porträts kaum noch spürbar. Doch auch hier lastet die symbolische Beschränkung geradezu buchstäblich auf den Schultern der Frau, wie der Baum als Symbol des ersehnten Nachwuchses und der neu gegründeten Familie ausweist (s. o.). Und auch ein symbolischer Hinweis auf die

32 *Domenico Ghirlandaio (?), Madonna mit Kind, 78,7 x 55,5 cm, circa 1490. Paris, Musée du Louvre. Die Madonna sitzt vor einem ähnlichen häuslichen Hintergrund wie die Frau im Porträt Mainardis (Abb. 31).*

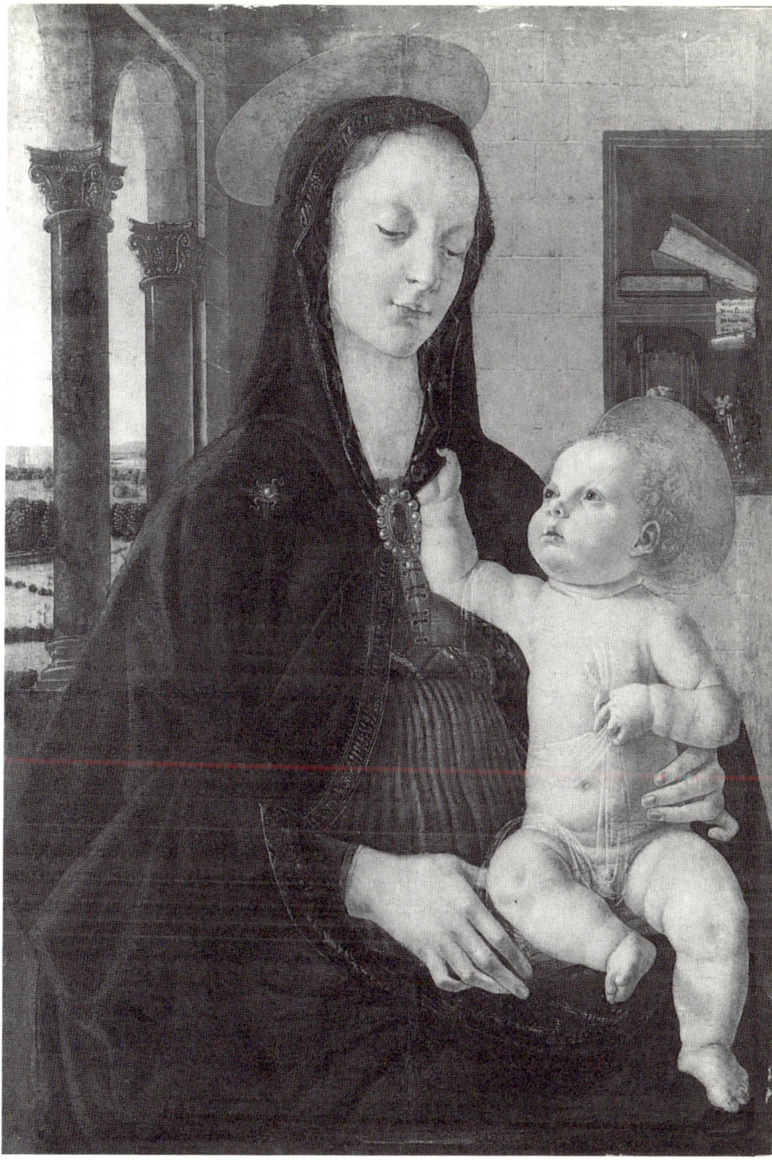

Keuschheit der Frau durfte nicht fehlen: Im Halsschmuck der Dargestellten hat Raffael ein winziges Einhorn als Keuschheitssymbol untergebracht.

Die größere Häufigkeit solcher Tugendsymbole im Frauenporträt weist unmittelbar auf die patriarchalischen Verhältnisse und eine striktere Kodifizierung des Sozialverhaltens von Frauen hin. Bis zum Beginn des 16. Jahrhunderts konnte sich sogar eine Typologie weiblicher Tugendsymbolik entwickeln, deren Betonung eines passiven weiblichen Sozialverhaltens für männliche Porträts nicht denkbar gewesen wäre. Dieser Typologie gehörten konventionelle Symbole und Attribute an, die (wie Kristallvase oder Einhorn) ein sittsames Verhalten der Dargestellten oder einen tugendhaften und gottesfürchtigen Lebenswandel (Gebetskette und Gebetbuch) zum Ausdruck brachten. Ein weiteres Mittel der Bildaussage waren Inschriften, die noch unmißverständlicher die Tugend der Dargestellten oder ihren Anspruch darauf verdeutlichten. Abgesehen von Attributen und Inschriften konnte die bildliche Repräsentation weiblicher Tugend aber auch durch die malerische Darstellung der Schönheit selbst erfolgen. Genau dies hatte Leonardo mit dem Porträt der Ginevra de' Benci versucht *(Abb. 33)*. Allerdings sollten hier noch eine Inschrift und pflanzliche Attribute sowie das Marmorimitat auf der Rückseite des Gemäldes den Zusammenhang zwischen Tugend und Schönheit unterstreichen *(Abb. 34)*. Die Imitation des roten, sehr seltenen und dauerhaften Porphyrmarmors verweist auf die Beständigkeit der Tugend Ginevras. Die das Spruchband rechts und links einrahmenden Zweige von Lorbeer und Palme stehen im Zusammenhang mit dem Auftraggeber des Gemäldes, Bernardo Bembo, dessen persönlicher Devise sie entstammen. Der in

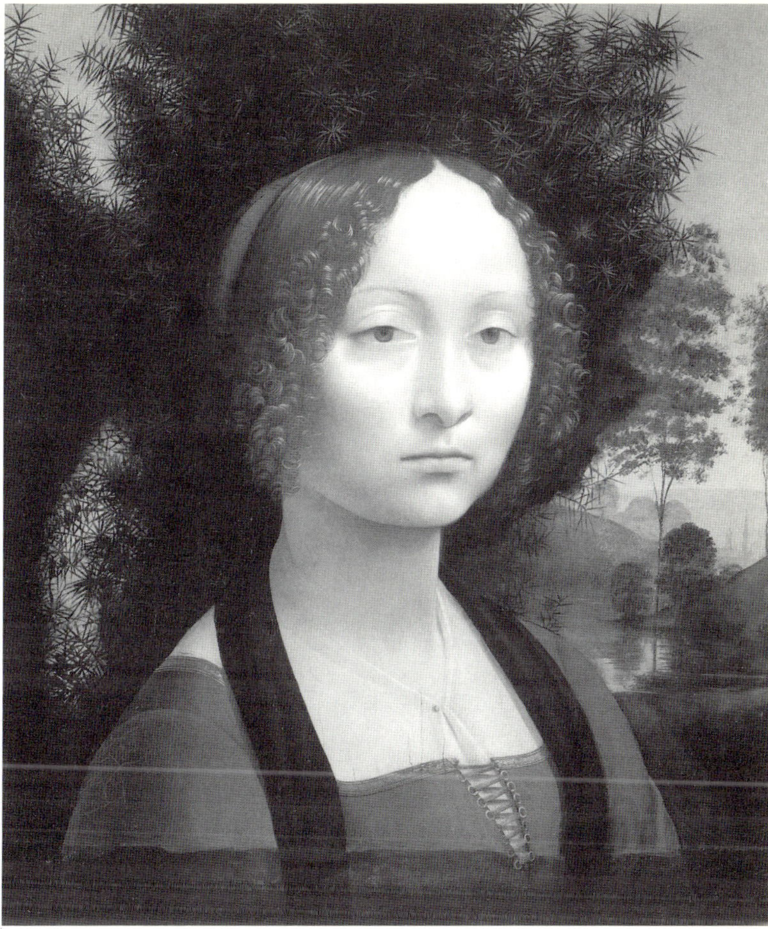

33 *Leonardo da Vinci, Ginevra de' Benci, 38,2 x 36,7 cm, circa 1473–1480. Washington, National Gallery of Art, Ailsa Mellon Bruce Fund. Leonardos erstes Porträt hat deutliche formale Beziehungen zur flämischen Malerei.*

der Mitte, einer Schlaufe des Spruchbandes entwachsende Wacholder ist eine Anspielung auf Ginevras Namen – »ginepro« (Wacholder) – sowie auf Tugenden wie Keuschheit und Treue. Gleichzeitig verweist der (wieder aus der Devise Bembos übernommene) immergrüne Lorbeer auf Ginevras poetische Aspirationen, während der Palmzweig ein traditionelles Tugendsymbol ist. Die so innig mit den Pflanzensymbolen ver-

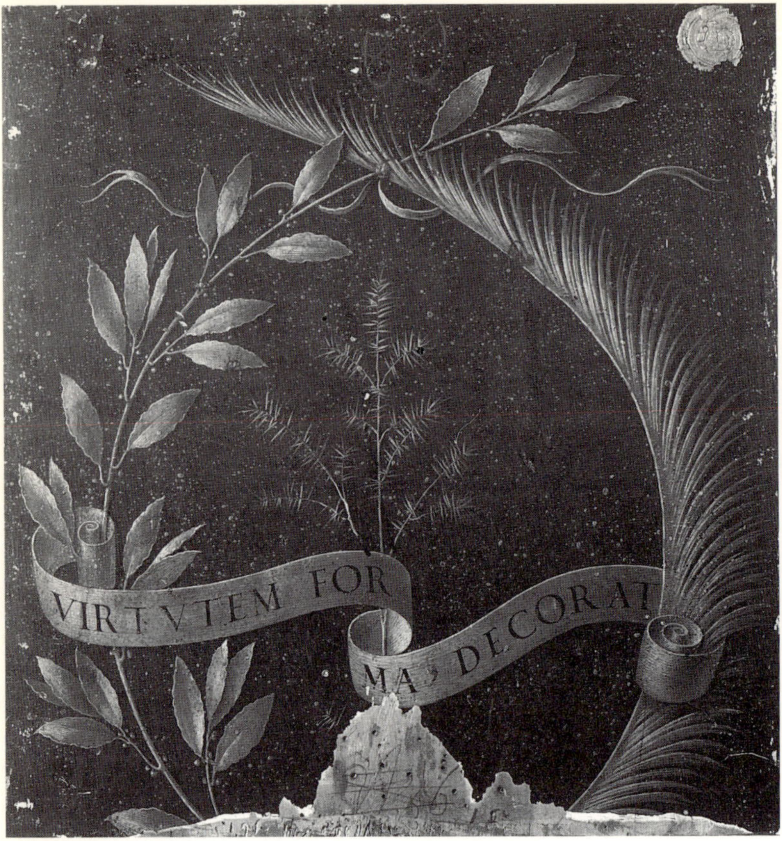

bundene Inschrift schließlich, VIRTUTEM FORMA DECORAT, kann hier als »Schönheit schmückt Tugend« übersetzt werden. Sie stellt einen Zusammenhang zwischen Schönheit und Tugend her, der in der zeitgenössischen Literatur (etwa im »Gastmahl« von Marsilio Ficino oder in den »Asolani« des Pietro Bembo) ebenso thematisiert wurde wie in der bildenden Kunst. Ein Beispiel ist die Porträtmedaille der Giovanna degli Albizzi, auf der Liebe, Schönheit und Keuschheit in Zusammenhang gebracht werden.

34 *Leonardo da Vinci, Ginevra de' Benci (Rückseite, wie Abb. 33). Palmzweig, Lorbeer und Wacholder als Symbole der Tugend, die auch die Inschrift auf ihre Weise thematisiert.*

Tugend wird im Porträt der Ginevra de' Benci auf zwei sehr unterschiedlichen Ebenen bildlich repräsentiert. Die ästhetisch anspruchsvollere, bildeigene Ebene ist die Darstellung der Tugend durch gemalte Schönheit, die – so könnte man zumindest argumentieren – wiederum durch einen flämisch inspirierten Realismus modifiziert ist. Etwas weniger anspruchsvoll erscheinen dagegen die genannten Attribute und die Inschrift, die man bildfremd nennen könnte. Diese Elemente stehen einem modernen Bildverständnis, wie es Leonardo vor allem zu Beginn des 16. Jahrhunderts in seinem Malereitraktat entwickelte, diametral gegenüber und dürften im Falle der zwischen 1475 und 1480 entstandenen »Ginevra de' Benci« auf den Wunsch des Auftraggebers zurückgehen (auf dessen Anregung hin wohl auch ein flämischer Bildtypus gewählt wurde). Man könnte daher erwarten, daß Leonardo fünfundzwanzig Jahre später, in Lisas Porträt, über ein zwar eindeutiges, aber intellektuell recht bescheidenes Konzept von attributiv erklärter und inschriftlich betonter Tugenddarstellung hinausgehen würde, daß er also die bildfremden Hilfsmittel zugunsten von bildeigenem Ausdruck zu reduzieren versuchen würde.
Den Verzicht auf eindeutige Symbole und Attribute zugunsten eines verstärkten Gebrauchs bildeigener Ausdruckselemente könnte man in der Kunst des beginnenden 16. Jahrhunderts und vielleicht auch schon früher sicherlich nachweisen. Außerdem paßt – wie wir sehen werden – die zunehmende Verwendung bildeigener Elemente recht gut zu Leonardos künstlerischen Ambitionen der Zeit nach 1500. Andererseits dürfte kaum ein Porträt des beginnenden 16. Jahrhunderts völlig losgelöst von den Bedingungen seines Auftrages oder seiner eigentlichen Funktion verwirklicht worden sein. Wenn also

jenes künstlerische Ideal der Verwendung bildeigener Mittel für ein Privatporträt relevant ist, dann müßte dieses Ideal auch eine nachvollziehbare und sinnvolle Beziehung zu den Anforderungen des Auftrages haben. Künstlerische Idealvorstellungen im Porträt der Mona Lisa sollten also in einer konkreten Beziehung zu den Anforderungen des Auftrages stehen. Um welche Beziehung es sich hierbei eventuell handeln könnte, war bereits im Porträt der Ginevra de' Benci erkennbar: Die Darstellungsaufgabe bestand – neben der gewiß erwarteten Porträtähnlichkeit – in der Präsentation von weiblicher Tugend im Verein mit weiblicher Schönheit. Der Zusammenhang zwischen beiden, Tugend und Schönheit, sollte deutlich werden, und zu diesem Zweck hatte Leonardo auf Symbole und auf eine Inschrift zurückgegriffen oder hatte darauf zurückgreifen müssen. Bei einer Reduzierung solcher Elemente mußte an deren Stelle eine virtuelle Qualität des Bildes treten, die darin bestand, Tugend, Schönheit und deren Zusammenspiel mit einem größeren Anteil malerischer und damit bildeigener Mittel zum Ausdruck zu bringen. Tugenden und andere im Charakter verwurzelte Eigenschaften mußten mittels gemalter Schönheit repräsentiert werden.

Die Schönheit des Menschen war selbst nach der Überzeugung eines nicht eben bilderfreundlichen Predigers wie Girolamo Savonarola unmittelbar abhängig von der Verfassung der Seele des Menschen: »Von woher also kommt jene Schönheit [der Menschen]? Wenn Du es untersuchst, wirst Du sehen, daß sie der Seele angehört. Du siehst, daß der Körper blaß und kaputt erscheint und keine Schönheit mehr besitzt, sobald ihm die Seele entzogen ist.«

Die Darstellbarkeit von Seele und Tugend durch die Wiedergabe der physischen Schönheit im

Bild war allerdings kein unproblematisches Thema. Einerseits galt auch damals schon der physiognomische Allgemeinplatz, daß sich im Gesicht des Menschen seine charakterlichen Eigenschaften spiegelten und daß besonders die Augen den Zustand der Seele preisgäben. In diesem Sinne beschrieb zum Beispiel bereits Dante (Convivium III,8) das menschliche Gesicht: »Nun ist zu beachten, daß die Seele bei ihrer Tätigkeit die Organe, mit denen sie es am meisten zu tun hat, auch [...] am feinsten auszugestalten sucht. Daher machen wir die Beobachtung, daß die Seele im menschlichen Antlitz, mit dem sie mehr zu tun hat als mit irgend einem äußeren Körperteil, die größte Verfeinerung erzielen will, soweit der Stoff dies zuläßt. [...] Im Antlitze kommt die Seele hauptsächlich an zwei Punkten zum Ausdruck, nämlich in den Augen und im Munde. [...] Auge und Mund sucht sie daher am meisten zu schmücken, und dort möchte sie nach Möglichkeit Schönheit hervorrufen. An diese zwei Punkte verlege ich auch die Wonnen dieses Anblickes, wenn ich von den Augen und dem holden Lächeln rede. Augen und Mund kann man in einem schönen Gleichnisse die Erker der Frau, d. h. der Seele nennen, die im Gebäude des Körpers wohnt. In diesen beiden Punkten zeigt sie sich oft, wenn auch verschleiert.«

Dante breitet hier zunächst den Topos von der Widerspiegelung der Seele durch den Körper aus, um dann die grundsätzliche Problematik dieses Vorgangs anzusprechen. Die Trägheit der Materie nämlich setzt dem Ausdruck der Seele eine Grenze, ja sie verschleiert ihn sogar. Unter dieser Trägheit der Materie litt natürlich auch jede mögliche Darstellung der im Gesicht gespiegelten Seele, denn wenn schon die Materie selbst nur unvollkommener (verschleierter, nicht klar erkennbarer) Ausdruck des Seelischen sein konnte, dann mußte deren künstlerisches Abbild dieses Manko zwangsläufig teilen (man mag daher Lisas Schleier, der ihr Lächeln nur rahmt und nicht verdeckt, als künstlerisches Gegenbild zu Dantes Verschleierung des Seelischen durch die Unvollkommenheit der Materie sehen). Bezeichnenderweise finden sich auch schriftliche Zeugnisse, in denen die Darstellbarkeit der Seele schlicht negiert wird. So fallen für Marsilio Ficino die unkörperlichen Eigenschaften der Seele ohnehin nicht in die Kategorie des Sichtbaren, und Girolamo Savonarola hält die Schönheit der Seele für malerisch nicht darstellbar.

Die Auffassung, daß bestimmte, spirituelle Qualitäten des Menschen wie etwa die Seele sich zwangsläufig den Möglichkeiten malerischer Darstellung entziehen, ist Teil einer weitergehenden Auseinandersetzung mit Theorien der Mimesis, die sich bis auf Aristoteles zurückverfolgen läßt. Eine explizite Aufnahme jener Zweifel an der Darstellbarkeit der Seele und der charakterlichen Eigenschaften einer porträtierten Frau findet sich ausgerechnet – und wohl nicht zufällig – in einem recht prominenten Beispiel der Porträtmalerei des ausgehenden 15. Jahrhunderts. In Domenico Ghirlandaios Bildnis der Giovanna degli Albizzi aus dem Jahre 1488 *(s. Abb. 29)* werden in der beigegebenen Inschrift Zweifel angemeldet an der Vorstellung, daß ein Bild die Seele und die Tugendhaftigkeit einer Person zum Ausdruck bringen könne. Die diesbezügliche, aus den Epigrammen Martials stammende Inschrift, die im übrigen das Bild eindeutig als posthumes Memorialporträt kennzeichnet, lautet in deutscher Übersetzung: »Oh, wenn Du, Kunst, doch ihre Tugend und die Seele darstellen könntest, dann gäbe es kein schöneres Bild auf der Welt.«

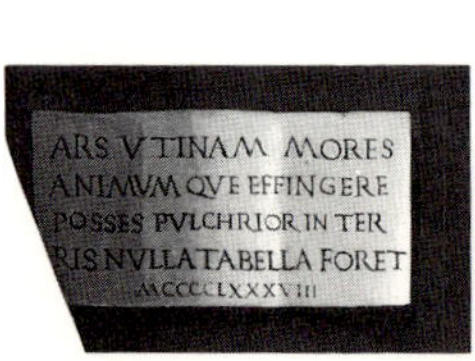

Die Problematik der eingeschränkten Ausdrucksfähigkeit der Porträtmalerei oder der Malerei überhaupt, die in einer langen Tradition literarischer Auseinandersetzung mit der bildkünstlerischen Mimesis wurzelt, dürfte den Florentiner Malern jener Zeit einigermaßen geläufig gewesen sein. Die zitierte Inschrift schließlich muß gerade für Leonardo aus verschiedenen Gründen eine besondere Herausforderung dargestellt haben: Ausgehend von seinem Interesse an Physiognomie, vor allem aber aufgrund ausführlicher physiologischer und anatomischer Studien glaubte er, erkannt zu haben, wie die Seelenvorgänge sich dem physischen Äußeren des Menschen vermitteln. Die malerische Umsetzung dieser Erkenntnis ist besonders in bewegten Bildern wie dem »Abendmahl« und der »Anghiarischlacht« zu erkennen, aber gerade auch der Ausdruck im Porträt der »Mona Lisa« mag aus Leonardos Versuch resultieren, seine physiologischen Kenntnisse mittels der besonderen mimetischen Fähigkeiten der Malerei zu demonstrieren.

Die Eliminierung von Attributen und Symbolen zugunsten einer Steigerung bildeigenen, malerisch-autonomen Ausdrucks war eines der wichtigsten Anliegen Leonardos, denn so ließ sich die Vorrangstellung der Malerei unter den Künsten demonstrieren. Eine solche Steigerung bildimmanenter Mittel erwies sich im Porträt der Ginevra de' Benci aufgrund des vorgeschriebenen Rückgriffs auf bildfremde Elemente als außerordentlich schwierig oder vielleicht sogar unmöglich. Doch bereits im »Abendmahl« (1495–1497) verzichtete Leonardo auf die konventionellen Attribute, etwa wenn er die Heiligenscheine der Jünger Christi fortließ. Ein ähnlicher Verzicht auf Attribute war schon in der Pariser Version der »Felsgrottenmadonna« zu beobachten (ab circa

1483). Deutlicher noch wird diese Position in Leonardos Kritik an der zeitgenössischen Freskomalerei, deren didaktisch motivierte Anordnung einzelner Szenen seinen besonderen Widerwillen erregte. In diesem Sinne dürfte die Bevorzugung bildeigenen Ausdrucks auch in der Porträtmalerei ein künstlerisches Anliegen Leonardos gewesen sein. Hinzu kam nach 1500 ein nicht zu unterschätzender künstlerischer Ehrgeiz. In der zweiten Florentiner Phase, also zwischen 1500 und 1506, hatte Leonardo ein starkes, beruflich bedingtes Motiv, die Ausdrucksfähigkeit traditioneller Porträtmalerei zu übertreffen. Nach einer langen Phase relativ stabiler Arbeitsverhältnisse am Mailänder Hof (bis 1499) mußte sich Leonardo im Frühjahr 1500 und erneut im Frühjahr 1503 ernsthaft nach einträglichen Aufträgen umsehen. Er hatte also zu beiden Zeitpunkten allen Grund, seine besonderen Fähigkeiten als Maler zu demonstrieren. In der Tat dürfte die von Vasari beschriebene öffentliche Ausstellung des Kartons der »Anna Selbdritt« in diesem Sinne zu verstehen sein. Ein ähnlicher Ehrgeiz, sein Können auch in der Porträtmalerei zu demonstrieren, kann für das Frühjahr 1503 angenommen werden, denn Leonardo hatte keine nennenswerten künstlerischen Aufträge und mußte besonders erpicht darauf sein, dem Florentiner Publikum seine Talente erneut unter Beweis zu stellen. Die Gelegenheit hierzu bot sich in Francesco del Giocondos Auftrag für das Porträt seiner Gemahlin. Hier sollte eine bürgerliche Frau dargestellt werden, in deren körperlicher Schönheit sich eine tugendhafte Seele offenbarte. In diesem Anspruch deckten sich die Interessen des Künstlers mit denen des Auftraggebers, und die für die Porträtmalerei der Zeit sehr weitgehende Anwendung eines bildimmanenten Ausdrucks erhielt im Rahmen dieses Auftrages einen konkreten Sinn.

Licht und Schatten als Ausdrucksmittel

Leonardos verstärkter Einsatz bildeigener und nicht-konventioneller Elemente basierte auf der Annahme, daß ein visuell überzeugender Ausdruck in der Malerei vor allem mit einer subtileren Modellierung der Licht- und Schattenwerte zu erzielen sei. Diese Subtilität der Licht- und Schattenwerte war seit der Mitte des 15. Jahrhunderts vor allem aus der Ölmalerei flämischer Künstler, zum Beispiel Jan van Eycks, bekannt, dessen Maltechnik durch feinere Schattenvarianten eine größere Vielfalt des Ausdrucks aufwies als ein vergleichbares Porträt aus der Florentiner Tradition. Leonardos ausführliche Erörterungen über Licht und Schatten in seinem Malereitraktat dürften auch aufgrund der Beobachtung entstanden sein, daß die Ausdruckskraft der Bildnisse aus dem Norden, mit denen er schon seit langem vertraut war, vor allem auf einer Vielzahl solcher Schattenvarianten beruhte. Das vornehmlich mit Hilfe von Licht- und Schattennuancen gestaltete Porträt der Lisa del Giocondo steht in einem unmittelbaren Zusammenhang mit Studien und Ansichten zu Licht und Schatten, die Leonardo ab circa 1490 entwickelt und besonders seit seiner Rückkehr nach Florenz im Jahre 1500 intensiviert hatte. So beschreibt er um 1505 in seinem Malereitraktat den Effekt frontal einfallenden Lichts auf die Schattenverläufe eines Gesichts *(Abb. 35)*, und diese Beschreibung kommt der Beleuchtung von Mona Lisas Stirn, Nase und Kinn sowie den korrespondierenden Schattierungen ihres Gesichts tatsächlich recht nahe: »Die Kehle oder sonst irgendwelche Senkrechte, die einen Vorsprung über sich hat, wird dunkler sein als die senkrecht stehende Vorderseite dieses vor-

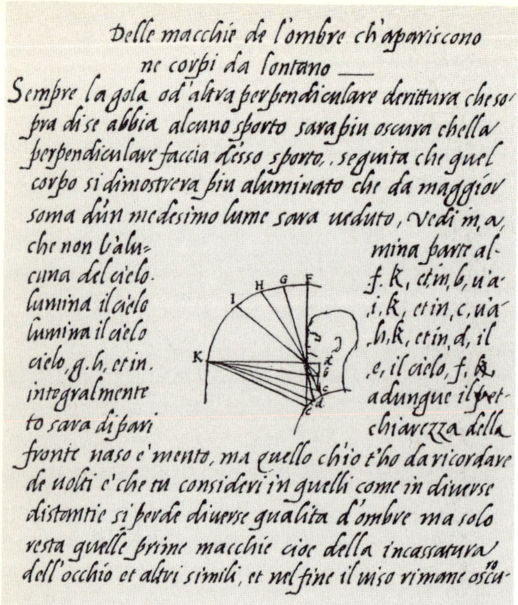
Delle macchie de l'ombre ch'apariscono
ne corpi da lontano ___
Sempre la gola od'altra perpendiculare dirittura che so-
pra di se abbia alcuno sporto sara piu oscura che la
perpendiculare faccia d'esso sporto, seguita che quel
corpo si dimostrera piu aluminato che da maggior
soma d'un medesimo lume sara ueduto, vedi m, a,
che non l'allu- mina parte al-
cuna del cielo. f. k, et in, b, u'a-
lumina il cielo i, k, et in, c, u'a
lumina il cielo h, k, et in, d, il
cielo, g. h, et in. e, il cielo, f. k,
integralmente adunque il pet-
to sara di pari chiarezza della
fronte naso e mento, ma quello ch'io t'ho da ricordare
de uolti e che tu consideri in quelli come in diverse
distantie si perde diverse qualita d'ombre ma solo
resta quelle prime macchie cioe della incassatura
dell'occhio et altri simili, et nel fine il uiso rimane oscu-

35 *Francesco Melzi, Kopie nach Leonardos Malerbuch, Federzeichnung aus dem Codex Urbinas, fol. 148r. Rom, Biblioteca Apostolica Vaticana.*
Leonardo erläutert die angemessene Beleuchtung eines ausdrucksvollen Gesichts

springenden Teiles selbst. [...] Du siehst, daß nach *a* keine Stelle des Himmelsbogens *f–k* hinleuchtet. Nach *b* leuchtet das Stück *i–k* hin; nach *c* das Stück *h–k*; nach *d* das Stück *g–k* und nach *e* endlich das ganze Stück *f–k*. – So wird also die Brust von gleicher Helligkeit sein wie Stirn, Nase und Kinn.«
An anderer Stelle schildert Leonardo auch die besonderen Beleuchtungsbedingungen einer nach Westen gerichteten Straße unter den Strahlen der von Süden einfallenden Mittagssonne. Hierbei habe – so Leonardo – die Höhe der Häuserwände den direkten Einfall des Sonnenlichts auf die Wände selbst und auf das entsprechende Objekt zu verhindern, so daß sich folgender Beleuchtungseffekt ergebe: »[...] dann wird man hier die Seitenflächen der Gesichter der Dunkelheit der ihnen gegenüber befindlichen Mauer-

wände teilhaftig werden sehen und so auch die Seitenflächen der Nase. Die ganze Vorderseite des Gesichtes aber, die der Straßenmündung zugewandt ist, wird beleuchtet sein.« Anschließend beschreibt Leonardo die Wirkung der indirekten, trotz der Dachtraufen und Wände eindringenden Lichtstrahlen, die von den Häusern und vom Straßenbelag abprallen und als vermindertes Licht auf das Gesicht treffen: »Hierzu wird die Anmut der Schatten kommen, die, mit angenehm allmählichem Sich-Verlieren, gänzlich aller scharfen Grenzen bar sind. Es wird dies seine Ursache in dem langen Streif des Lichtes haben [...]. Und dieser lange Streif [...] bewirkt, daß diese Schatten ganz allmählich in Helligkeit übergehen, bis sie über dem Kinn mit nicht mehr wahrnehmbarer Dunkelheit endigen.«

Tatsächlich entspricht die Verteilung der Schatten im Gesicht der »Mona Lisa« recht genau diesen Beobachtungen aus dem Malereitraktat, wenn auch die räumliche Position der Porträtierten schwer mit der Stellung einer Person auf offener Straße zu vergleichen ist. Allerdings stellt sich angesichts dieses Unterschieds zwischen den Anweisungen des Traktats und der im Bild wiedergegebenen Situation die Frage, ob Leonardo im Porträt der »Mona Lisa« bestimmte Beleuchtungsbedingungen kunstlich zu simulieren versuchte, die in Lisas Loggia real gar nicht geherrscht haben konnten. Tatsächlich entspricht ja die Ausleuchtung des Gesichts keineswegs der natürlichen Beleuchtung einer Loggia, die den größten Teil ihres Lichtes von der zur Landschaft hin offenen Seite bekommen müßte. Im Porträt wird Lisa jedoch von einer Lichtquelle beschienen, die sich links oben über dem Bildrand und in nicht allzu großer Entfernung von der Bildfläche befindet. Die Ausleuchtung des

Antlitzes, dem vornehmlichen Träger des seelischen Ausdrucks, erweist sich somit als ein künstliches Arrangement, das die Bedeutung einer besonders gewollten Licht- und Schattengebung im künstlerischen Denken Leonardos belegt. Die artifiziell geschaffene Situation und die ausdruckssteigernde Gestaltung durch unzählige Schattierungen erhielten somit Vorrang vor den natürlichen Lichtbedingungen der dargestellten Wirklichkeit. Es ging also in Leonardos Malerei nicht mehr nur um die exakte Wiedergabe der Natur, sondern auch um einen malerischen, autonomen Effekt, der im Falle der »Mona Lisa« dem Ausdruckswert des Porträts diente. Dieser Ausdruckswert konnte sowohl den Absichten des Künstlers als auch den Ansprüchen des Auftraggebers entsprechen, doch im Gegensatz zu den Symbolen und Attributen anderer Porträts war er nicht mehr eindeutig. Ohne Hinweise auf eine verläßliche Bildaussage zu finden, verliert sich das Auge und mit ihm der Verstand in den unzähligen Schattierungen bildimmanenter Effekte. Nachdem die »Mona Lisa« ihren historischen Kontext verlassen hat, besonders aber seitdem Kunst zunehmend als ein autonomes (also kontextunabhängiges) Objekt verstanden wird, mußte das Fehlen einer eindeutig und unmittelbar nachvollziehbaren Bildaussage zwangsläufig zu sehr unterschiedlichen Interpretationen führen. Diese Möglichkeit und Offenheit hatte Leonardo mit seiner Perfektionierung des autonomen bildlichen Ausdrucks schließlich selbst heraufbeschworen. Vollkommener sind die Voraussetzungen für eine Priorität des Imaginierten gegenüber dem Sichtbaren in einem Bildnis wohl niemals geschaffen worden.

Literaturhinweise

Die Studien zur vorliegenden Arbeit wurden durch Mittel der Bibliotheca Hertziana möglich. Anregungen aus Diskussionen meiner Thesen zu »Mona Lisa« anläßlich von Vorträgen in Bonn (Kunstgeschichtliches Institut), Berlin (Kunstgeschichtliche Gesellschaft), Washington (National Gallery of Art), Rom (Bibliotheca Hertziana), Florenz (Kunsthistorisches Institut) und Philadelphia (Temple University) habe ich in den vorliegenden Text eingearbeitet. Weitere Hinweise verdanke ich M. Diers, U. Goedecke, S. Kress und A. Malquori. Quellen kontinuierlicher Inspiration waren M. Rohlmann, Chr. Thoenes und J. Wasserman. – Die bibliographischen Nachweise beschränken sich auf das Wesentliche. Weitere Angaben finden sich in meinem Artikel ›Leonardo's Portrait of Mona Lisa del Giocondo‹, *Gazette des Beaux-Arts,* 121, 1993, S. 115–138.

Einführende Literatur zu Leonardo da Vinci
K. Clark, *Leonardo da Vinci,* Cambridge 1939; aktueller ist M. Kemp, *Leonardo da Vinci,* London 1981. Lesenswert sind immer noch E. Solmi, *Leonardo,* Florenz 1900, und W. von Seidlitz, *Leonardo da Vinci, der Wendepunkt der Renaissance,* 2 Bde., Berlin 1909.

Wichtige und aktuelle Titel zu »Mona Lisa«
R. McMullen, *Mona Lisa. The Picture and the Myth*, London 1975. D. A. Brown/K. Oberhuber, »›Monna Vanna‹ and ›Fornarina‹: Leonardo and Raphael in Rome«, *Essays Presented to Myron P. Gilmore edited by Sergio Bertelli and Gloria Ramakus*, 2 Bde., Florenz 1978, II, S. 25–86. D. Strong, ›The Triumph of Mona Lisa: Science and Allegory and Time‹, *Leonardo e l'età della ragione*, ed. E. Bellone and P. Rossi, Mailand 1982, S. 255–278. P. C. Marani, *Leonardo. Catalogo completo dei dipinti,* Florenz 1989, S. 106–109. J. Shell/G. Sironi, ›Salaì and Leonardo's Legacy‹, *The Burlington Magazine,* 133, 1991, S. 95–108.

Literatur zu Leonardo als Porträtmaler
F. Malaguzzi-Valeri, *La Corte di Lodovico il Moro*, II, *Bramante e Leonardo da Vinci,* Mailand 1915, S. 566–585, und zur Mailänder Porträttradition ebd., III, S. 1–109. W. v. Bode, ›Leonardo und das weibliche Halbfigurenbild der italienischen Renaissance‹, *Jahrbuch der Preußischen Kunstsammlungen,* 40, 1919, S. 61–74. A. Schiaparelli, *Leonardo ritrattista,* Mailand 1921. Brown/Oberhuber, »›Monna Vanna‹« (s. o.). D. A. Brown, ›Leonardo and the Idealized Portrait in Milan‹, *Arte Lombarda,* 64, 1983/1984, S. 102–116. L. Ca-

stelfranchi Vegas, »›Retracto del naturale‹: Considerazioni sulla ritrattistica lombarda degli anni fra Quattrocento e Cinquecento«, *Paragone, arte*, 34, 1983 (401–403), S. 63–71. R. Rama, ›Un tentativo di rilettura della ritrattistica di Boltraffio fra Quattrocento e Cinquecento‹, *Arte Lombarda*, 64, 1983, S. 79–92. A. C. Junkerman, *»Bellissima Donna«: An Interdisciplinary Study of Venetian Sensous Half-Length Images of the Early Sixteenth-Century*, Ann Arbor o. J. [1988], S. 61–83. D. A. Brown, ›Leonardo and the Ladies with the Ermine and the Book‹, *Artibus et historiae*, 11, 1990, nr. 22, S. 47–61. – Nützliche bibliographische Zusammenfassungen zu den einzelnen Porträts bietet Marani, *Leonardo*, S. 36–38, 59–65 und 106–109. – Die Leonardo mit einiger Sicherheit zuzuschreibenden Porträts sind: »Ginevra de' Benci« (Washington), die als Porträt der Cecilia Galleriani geltende »Dame mit dem Hermelin« (Krakau), die »Mona Lisa« und, mit Einschränkungen, die sogenannte »Belle Ferronière« im Louvre (Marani, *Leonardo*, S. 64–65); problematischer sind die Zuschreibung des sogenannten »Musikers« (Mailand, Brera) und des Kartons eines Porträts im Louvre, das möglicherweise Isabelle d' Este darstellt. – Ein heute verschollenes Porträt von der Hand Leonardos war das der Lucrezia Crivelli (vgl. J. P. Richter, *The Literary Works of Leonardo da Vinci*, 2 Bde., London/New York 1970, II, S. 387, § 1560).

Literatur zum Renaissanceporträt

J. Pope-Hennessy, *The Portrait in the Renaissance*, Princeton 1966, A. Dülberg, *Privatporträts*, Berlin 1990, und L. Campbell, *Renaissance Portraits*, New Naven/London 1990.

Nachweise der herangezogenen Dokumente und Schriften

Unveröffentlichte Dokumente

Archivio di Stato in Florenz: Cittadinario Fiorentino, S. Giovanni, Bd. 1, c. 11, und Raccolta Sebrigondi, 2806 (über die Giocondo-Familie). Monte comune o delle graticole, 82 (Grundbucheintrag der Familie Giocondo mit Verzeichnis der Familienangehörigen, 1480). Catasto, 1009, c.3r–4v, und Decima Repubblicana, 20, c. 26r–27v (Grundbucheinträge und Steuererklärungen Antonmaria Gherardinis, Lisas Vater, aus den Jahren 1480 und 1498). Notarile Antecosimiano, 10584, c. 247v–248r (Vertrag für die Heirat von Lisa und Francesco). Notarile Antecosimiano, 7799, c. 5r–8r (Testament Francesco del Giocondos; Mitgift für Francescos Enkelin, Cassandra), und c. 268r–269r, vom 22. Mai 1539 (Testamentsvollstreckung; Bestimmung des Vormunds für die Witwe Lisa del Giocondo). Archivio Mediceo avanti il Principato, 487 (Francescos Beziehungen zu den Strozzi und den Medici). Ufficiali Magistrato della Grascia, 190, c. 281r (Tod von Lisas Kind). Corporazioni religiose soppresse, 119, Bd. 52, fol. 107v–108r (Inventar der SS. Annunziata mit Kunstwerken für Francesco del Giocondo). Decima Repubblicana, 178, c. 362r (Grundbucheintrag für den Kauf des neuen Hauses durch Francesco). – Pupilli avanti il Principato, 181, c. 141r–150r, bes. c. 148r–v (Tornabuoni-Inventar von 1492, in dem das Porträt der Giovanna degli Albizzi erwähnt wird). – Biblioteca Nazionale Centrale in Florenz: Poligrafo Gargani, 287, fasc. 969, und Collezione Genealogica Passerini, 188, Nr. 26 (Genealogien der Familie Francesco del Giocondos und Angaben über seine Tätigkeiten in öffentlichen Ämtern).

Das Phantasma

Zur romantischen Interpretation der »Mona Lisa« siehe G. Boas, ›The Mona Lisa in the History of Taste‹, *Journal of the History of Ideas*, 1, 1940, S. 207–224, und A. Chastel, *L'Illustre incomprise. Mona Lisa*, Paris 1988. Der Text von Th. Gautier, *Les Dieux et les Semi-Dieux de la peinture*, ist den Publikationen von Boas und Chastel entnommen. – Walter Pater, *The Renaissance. Studies in Art and Poetry*, ed. D. L. Hill, Berkeley/London/Los Angeles 1980, S. 97–98 (Text), und S. 380–381, wo sich Nachweise zum Frauenbild finden, dem Pater in seiner Beschreibung der »Mona Lisa« folgt. Die Übersetzung folgt Walter Pater, *Die Renaissance*, Übers. W. Schöllermann, Jena/Leipzig 1906. – Siehe auch (fingers crossed) Mario Praz, *La carne, la morte e il diavolo nella letteratura romantica*, Florenz 1966, pass. und bes. S. 227–229.

»Mona Lisa« und Vasari

Übersetzt wurde nach folgender Ausgabe: Giorgio Vasari, *Vite de' più eccelenti pittori, scultori ed architettori* (1550 und 1568), IV, Florenz 1906, S. 39–40; ebendort, S. 465, werden auch Francescos Cousins und S. 466 Puligos Gemälde für Francesco genannt; im Band V, S. 200, erwähnt Vasari die Freskierung der Kapelle der Giocondo-Familie in der SS. Annunziata. – Die für Leonardo maßgebliche Vasari-Ausgabe mit weiteren Hinweisen ist Giovanni Poggi, *Leonardo da Vinci. La Vita di Giorgio Vasari*, Florenz 1919.

Lisa und Francesco del Giocondo

Zum Raub der »Mona Lisa« siehe S. V. Reit, *The Day They Stole The Mona Lisa*, New York 1981, und Chastel, *L'Illustre incomprise* (s. o.). Bekannte Dokumente zu Lisa und Francesco del Giocondo sind zitiert bei Poggi, *Leonardo da Vinci. La Vita di Giorgio Vasari* (s. o.), S. 34–35.

Der Auftrag und seine Datierung

Zum Briefwechsel zwischen Nuvellara und Isabella d' Este siehe L. Beltrami, *Documenti e memorie riguardanti la vita e le opere di Leonardo da Vinci*, Mailand 1919, Nr. 106–108 und 142 (Isabella hat schließlich nur ein mit »carbone« skizziertes Porträt von Leonardo erhalten, vgl. Nr. 142); ebendort, Nr. 101, 113, 123, 125, 128, 131, 139, 158, 163 und 175, finden sich auch die Informationen über Leonardos Bankkonto. Zu Leonardos finanzieller Situation um 1503 siehe M. Hertzfeld, ›Leonardo und sein Reiterkampf‹, *Kritische Berichte*, 7, 1938, S. 33–65. – Zur »Madonna mit der Spindel« siehe *The Madonna of the Yarnwinder*, ed. M. Kemp, Edinburg 1992. – Zur ursprünglichen Konzeption des Hintergrundes der »Maddalena Doni« siehe *Raffaello a Firenze. Dipinti e disegni delle collezioni fiorentine*, Florenz 1984, S. 254–255. – Zum Triptychon Benedetto Portinaris in Santa Maria Nuova siehe Dülberg, *Privatporträts* (s. o.), S. 225–226 und Nr. 159, und A. Warburg, ›Flandrische Kunst und florentinische Frührenaissance, Studien I‹, *Jahrbuch der Preußischen Kunstsammlungen*, 23, 1902, S. 247–266, bes. S. 262–263.

Tradition und Auftrag

Zu Anlässen für Porträts siehe die Angaben bei Dülberg, *Privatporträts*, und Campbell, *Renaissance Portraits*, S. 193 bis 225. Zu Realismus und Frömmigkeit in der flämischen Malerei vgl. Francisco de Hollanda, *Vier Gespräche über die*

Malerei, ed. J. de Vasconcellos, Wien 1899, S. 29. Zum Verhältnis zwischen flämischer und italienischer Porträtmalerei siehe Pope-Hennessy, *Portrait in the Renaissance,* S. 54–63, und M. Rohlmann, Auftragskunst und Sammlerbild. Altniederländische Tafelmalerei im Florenz des Quattrocento, Phil. Diss., Köln 1990.

Über mögliche Einstellungen zur bildenden Kunst in Florenz nach Savonarolas Tod siehe M. Wackernagel, *The World of the Florentine Renaissance Artist,* Princeton 1981 (deutsche Ausgabe 1938), S. 293, und M. B. Hall, ›Savonarola's Preaching and the Patronage of Art‹, *Christianity and the Renaissance,* edited by T. Verdon and J. Henderson, Syracuse (N. Y.) 1990, S. 493–522. Zu Filippo Lippis Doppelporträt in New York siehe R. Baldwin, ›A Window from the Song of Songs in Conjugal Portraits by Fra Filippo Lippi and Bartolomäus Zeitblom‹, *Source,* 5, 1985/1986 (2), S. 7–14, und B. Tietzel, ›Neues vom Meister der Schafsnasen. Überlegungen zu dem New Yorker Doppelbildnis des Quattrocento‹, *Wallraf-Richartz-Jahrbuch,* 52, 1991, S. 17–42. – Zu den Porträts aus Wachs in der SS. Annunziata vgl. A. Warburg, *Bildniskunst und Florentinisches Bürgertum,* Leipzig 1902; Wackernagel, *Florentine Renaissance Artist,* S. 79, und E. S. Welch, ›Sforza Portraiture and SS. Annunziata in Florence‹, *Florence and Italy. Renaissance Studies in Honor of Nicolai Rubinstein,* London 1988, S. 235–240.

Kunst im Kontext der Familie

Kunst im Kontext von Kindgeburt, Fruchtbarkeit usw. wird erörtert bei G. Mazzini, ›Arte e maternità nella rinascenza‹, *Emporium,* 94, 1941, S. 82–87; E. Callmann, ›The Growing Threat to Marital Bliss as Seen in Fifteenth-Century Florentine Paintings‹, *Studies in Iconography,* 5, 1979, S. 73–92; J. Pope-Hennessy/K. Christiansen, *Secular Painting in 15th-Century Tuscany: Birth Trays, Cassone Panels, and Portraits,* New York 1980, und D. Cole Ahl, ›Renaissance Birth Salvers and the Richmond »Judgement of Solomon«‹, *Studies in Iconography,* 7–8, 1981–1982, S. 157–174.

Zum »Tondo Doni« vgl. G. Poggi, *Kunstchronik,* 18, 1907, Sp. 299; Ch. de Tolnay, *Michelangelo,* 2. Aufl., 5 Bde., 1947–1960, Band 1, 1947, S. 162–168, und A. Hayum, ›Michelangelo's »Doni Tondo«: Holy Family and Family Myth‹, *Studies in Iconography,* 8, 1981/1982, S. 209–251. – Zur Farbigkeit des »Tondo Doni« siehe J. Shearman, ›Leonardo's Colour and Chiaroscuro‹, *Zeitschrift für Kunstgeschichte,* 25, 1962, S. 13–24. – Zur Konkurrenz zwischen Leonardo und Michelangelo vgl. Vasari, *Le vite,* ed. Milanesi, IV, S. 47. – Zur »Maddalena Doni« siehe ebd., S. 325;

A. Cecchi, ›Agnolo e Maddalena Doni committenti di Raffaello‹, *Studi su Raffaello,* ed. M. S. Hamoud and M. L. Strocchi, 2 Bde., Urbino 1987, I, S. 429–439, und Dülberg, *Privatporträts,* S. 79–80. Zum Kinderwunsch der Doni vgl. auch F. Hartt, »Leonardo and the Second Florentine Republik«, *Journal of the Walters Art Gallery,* 41, 1983, S. 95–116, S. 105. – Zu Botticellis »Smeralda Brandini« vgl. R. Lightbown, *Sandro Botticelli,* 2 Bde., London 1978, Nr. B15. Zu Agnolo Doni als Besteller von Kunstwerken siehe Vasari, *Le vite,* ed. Milanesi, IV, S. 325, und Cecchi, ›Agnolo e Maddalena Doni‹, sowie W. E. Wallace, »Michelangelo. In and Out of Florence Between 1500 and 1508«, *Leonardo, Michelangelo, and Raphael in Renaissance Florence from 1500 to 1508,* ed. S. Hager, Washington DC 1992, S. 55–88.
Meine Vermutung hinsichtlich fehlender literarischer Ambitionen Francesco del Giocondos bezieht sich auf den Umstand, daß er die ihm angebotenen Bücher eines Nachlasses von 1521 nicht annahm (bereits oben, unter den unpublizierten Dokumenten zitiert).

Das Porträt und sein Ort
Zur Frage des Aufbewahrungsortes von Kunstwerken im Haus siehe Wackernagel, *Florentine Renaissance Artist* (s. o.), S. 153–180; A. Schiaparelli, *La casa fiorentina e i suoi arredi nei secoli XIV e XV,* Florenz 1908 (Reprint in 2 Bänden, Florenz 1983); J. K. Lydecker, *The Domestic Setting of the Arts in Renaissance Florence,* Phil. Diss., Baltimore 1987, Ann Arbor 1987; Dülberg, *Privatporträts* (s. o.), und P. Thornton, *The Italian Renaissance Interior 1400–1600,* London 1991, S. 261–268. – Zu Haushaltsinventaren mit Kunstwerken und deren Ambiente siehe Lydecker, *The Domestic Setting* (s. o.); E. Müntz, *Les Collections des Médicis au XVe siècle,* Paris/London 1888, S. 58–96 (d. i. das Medici-Inventar von 1492), und W. A. Bulst, ›Uso e trasformazione del Palazzo Mediceo fino ai Riccardi‹, *Il Palazzo Medici Riccardi di Firenze,* ed. G. Cherubini/G. Fanelli, Florenz 1990, S. 98–129 (hier auch über Schlachtenbilder und Schlafzimmer).
Leon Battista Alberti, *De re aedificatoria,* Florenz 1485, IX.4. Die Übersetzung orientiert sich an L. B. Alberti, *Zehn Bücher von der Baukunst,* übersetzt von M. Theuer, Leipzig 1912. – Zum Medici-Inventar und der Hängung des Porträts der Alfonsina de' Medici siehe Müntz, *Les Collections des Médicis,* S. 87. Das Problem der Hängung von Porträts in Florenz bedarf weiterer Nachforschungen; vgl. hierzu die genaueren Angaben in meinem eingangs zitierten Artikel zu »Mona Lisa« sowie Schiaparelli, *La casa fiorentina,* S. 179–191, und Lydecker, *The Domestic Setting,* S. 63 und passim (s. o.). Zur Hängung von Männerporträts siehe

auch J. Shearman, ›The Collections of the Younger Branch of the Medici‹, *The Burlington Magazine,* 117, 1975, S. 12–27, bes. S. 26–27 (i. e. *Archivio Mediceo Avanti il Principato,* 104, 17, fols. 174v, und 104, 30, fol. 240r, zu den Porträts von Giuliano und Pierfrancesco de' Medici).
Daß Leonardo die »Mona Lisa« als religiöses Bild konzipiert habe, vermutet McMullen, *Mona Lisa,* S. 56–57 (s. o.). – Der Originaltext Savonarolas findet sich in Gerolamo Savonarola, *Prediche sopra Ezechiele,* 2 Bde., Rom 1955, Nr. 28 (Predigt vom 28. Februar 1497), S. 370–386, S. 376.

Hinweise auf soziale Normen
Zur Mode siehe R. Levi Pisetzky, *Storia del costume in Italia,* 5 Bde., Mailand 1964–1969; E. Polidori Calamandrei, *Le vesti delle donne Fiorentine nel Quattrocento,* Florenz 1924. Schwarze Kleidung als Zeichen von Würde erwähnt Ariost, *Orlando furioso,* 4.93–94. Daß Schwarz neben Kummer und Trauer auch Beständigkeit, Standhaftigkeit und Einfachheit bedeuten kann, schreibt Raffaello Borghini, *Il riposo,* Florenz 1594, S. 237. – Über dunkle Kleider siehe *Decor Puellarum,* Venedig 1461, c. 4r; zur Mode dunkler Kleider im Jahre 1502 vgl. *Anziehungskräfte. Variété de la mode 1786–1986,* Ausstellungskatalog, München (Stadtmuseum) 1987, S. 498–503. – Zur Handhaltung züchtiger Frauen siehe *Decor puellarum,* c. 52 r–v, und M. Baxandall, *Painting and Experience in Fifteenth Century Italy,* Oxford 1986, und M. Barasch, *Giotto and the Language of Gesture,* Cambridge/New York/London etc. 1987, S. 91–95.

Porträt, weibliche Tugend und die Kunst der Malerei
Zu Tugendsymbolen siehe Dülberg, *Privatporträts,* und *Bilder vom Menschen in der Kunst des Abendlandes,* Berlin 1980, S. 162–163. – Zur »Ginevra de' Benci« vgl. J. Fletcher, ›Bernardo Bembo and Leonardo's Portrait of Ginevra Benci‹, *The Burlington Magazine,* 131, 1989, S. 811–816. Zum Problem der Darstellung von Seele oder Charakter vgl. z. B. Aristoteles, *Politica,* 8.5.7 (1340 a); Marsilio Ficino, *Über die Liebe oder Platons Gastmahl,* Hamburg 1984, S. 138–139 (5.3), und Savonarola, *Prediche sopra Ezechiele,* Nr. 28, S. 374–375. – Zu »Giovanna degli Albizzi« vgl. J. Lauts, *Ghirlandajo,* Wien 1943, S. 42, und Nr. 103, und Pope-Hennessy, *Portrait in the Renaissance,* S. 24–28 – Die Inschrift stammt, leicht verändert, aus Martial, *Epigramme,* 10.32. – Siehe hierzu jetzt auch J. Shearman, *Only Connect... Art and the Spectator in Italian Renaissance,* Princeton 1992, S. 108–125.
Zu Leonardos physiologischen Ansichten und deren Bezug zur künstlerischen Praxis vgl. M. Kemp, ›Il concetto dell'anima‹ in Leonardo's Early Skull Studies, *Journal of the*

Warburg and Courtauld Institutes, 34, 1971, S. 115–134; E. H. Gombrich, *The Heritage of Apelles*, London 1976, S. 57–75, und F. Zöllner, ›Ogni pittore dipinge sé. Leonardo da Vinci and automimesis‹, *Der Künstler über sich in seinem Werk*, ed. M. Winner, Weinheim 1992, S. 137–160. – Der Originaltext Dantes findet sich bei Dante Alighieri, *Opere minori*, ed. Chiappelli/Fenzi, Turin 1986, S. 180. Die Übersetzung ist zitiert nach *Dantes Gastmahl. Übersetzt und erklärt mit einer Einführung von Dr. Konstantin Sauter*, Freiburg 1911, S. 228–229. – Zu Leonardos Kritik an der Freskomalerei siehe Leonardo da Vinci, *Das Buch von der Malerei*, ed. H. Ludwig, 3 Bde., Wien 1882, Nr. 119 und 285.

Licht und Schatten als Ausdrucksmittel
Zu Leonardos Studien von Licht und Schatten siehe M. Rzepinska, ›Light and Shadow in the Late Writings of Leonardo da Vinci‹, *Raccolta Vinciana*, 19, 1962, S. 259–266, und K. Veltman, *Studies on Leonardo da Vinci I. Linear Perspective and the Visual Dimension of Science and Art*, München 1986, S. 341–348. Die Angaben zur Beleuchtung des Gesichts finden sich bei Leonardo, *Buch von der Malerei*, Nr. 466 und 422. Ähnliche Ansichten zur Schönheit der sanften Übergänge zwischen Licht und Schatten hatte schon Leon Battista Alberti in seinem Malereitraktat, § 35, formuliert. Dieser Auffassung liegen wohl antike Ansichten zur *compositio* zugrunde (Quintilian, *Institutio oratoria*, 8.5.26–29).

Lebensdaten zu Leonardo da Vinci

1452, 15. April, Leonardo wird als außerehelicher Sohn des Notars Ser Piero da Vinci und der Bauersfrau Caterina in Vinci geboren.

1469 Leonardo beginnt eine Lehre als Maler und Bildhauer in der Werkstatt Andrea del Verrocchios in Florenz.

1472 Eintritt in die Malergilde von Florenz.

1475–1480 Arbeit am Porträt der Ginevra de' Benci (Washington, National Gallery).

1481 Leonardo erhält den Auftrag für die »Anbetung« für San Donato a Scopeto (Florenz, Uffizien, unvollendet).

1482 Vermutlich aus Mangel an Aufträgen zieht er von Florenz nach Mailand um und bewirbt sich bei Lodovico Sforza um eine Anstellung.

1483 Zusammen mit den Gebrüdern de Predis erhält Leonardo den Auftrag für die »Felsgrottenmadonna« (Paris, Louvre).

1484–1494 Arbeiten für das »Sforzamonument« in Mailand sowie an den Porträts der Cecilia Galleriani (Krakau, Czartoryski Museum) und der Lurezia Crivelli (nicht mehr erhalten).

1495–1497 Arbeit am »Abendmahl« in Santa Maria delle Grazie in Mailand.

1499 nach dem Sturz seines Gönners, Lodovico Sforza, Abreise aus Mailand.

1500, April, Rückkehr nach Florenz, wo Leonardo einen Karton mit der Heiligen Anna für die SS. Annunziata beginnt.

1501 »Madonna mit der Spindel« für Florimon Robertet.

1502 ab etwa Juni reist Leonardo mit Cesare Borgia als dessen Architekt und Ingenieur umher.

1503 ab Anfang März ist Leonardo wieder in Florenz und übernimmt den Auftrag für das Porträt der Lisa del Giocondo.

1503, Oktober, Leonardo übernimmt den Auftrag für die »Anghiarischlacht«.

1506, Mai, Leonardo hinterläßt die »Anghiarischlacht« unvollendet, verläßt Florenz und geht erneut nach Mailand, um dort eine bessere Bezahlung für die »Felsgrottenmadonna« einzuklagen und möglicherweise auch, um eine Anstellung am französischen Hof zu bekommen.

1508 Leonardo ist in Mailand in den Diensten von Charles d'Amboise und arbeitet vermutlich an der zweiten Version der »Felsgrottenmadonna« (London, National Gallery).

1513 Leonardo geht mit seinem neuen Brotgeber, Giuliano de' Medici, nach Rom, wo er auch für Baldassare Turini arbeitet.

1517 Leonardo tritt als Hofmaler in die Dienste des französischen Königs, Franz I.

1519, 2. Mai, Leonardo stirbt in Cloux.

Gemälde Leonardo da Vincis

Florenz, Uffizien: »Verkündigung«, »Anbetung der Könige«

Krakau, Czartoryski Museum: Porträt der Cecilia Galleriani

Leningrad, Eremitage: »Madonna Benois«

London, National Gallery: »Felsgrottenmadonna« (zweite Version); Karton mit Anna, Maria, Christus und Johannes (»Burlington House Cartoon«)

Mailand, Castello Sforzesco: »Sala delle Asse«

Mailand, Santa Maria delle Grazie: »Abendmahl«

Paris, Louvre: »Felsgrottenmadonna«; Porträt der Lisa del Giocondo; »Anna Selbdritt«; Porträt einer Frau (die sogenannte »Belle Ferronière«); »Johannes der Täufer«; »Bacchus«

Rom, Pinacoteca Vaticana: »Der Heilige Hieronymus«

Washington, National Gallery: Porträt der Ginevra de' Benci

Bildnachweis

Berlin, SMPK 9, 30–31 (Photos J. P. Anders)
Edinburg, National Gallery of Scottland 3
Florenz, Fratelli Alinari 4, 8, 10, 15
Florenz, Soprintendenza 20, 21–24, 26
Florenz, Staatsarchiv 18
Forlì, Pinacoteca civica 11
Frankfurt am Main, Städelsches Kunstinstitut 28
London, Victoria & Albert Museum 25
Madrid, Sammlung Thyssen-Bornemisza 29, Umschlagrückseite
New York, The Metropolitan Museum of Art 14
Paris, Réunion des musées nationaux Umschlagvorderseite, Falttafel, 1, 6, 7, 17, 32/© Photos R. M. N.
Rom, Biblioteca Apostolica Vaticana 35
Rom, Soprintendenza 5
Washington, National Gallery of Art 13, 27, 33–34

Die übrigen Abbildungen entstammen dem Archiv des Autors.

Leonardo da Vinci, »Mona Lisa« (Porträt der Lisa del Giocondo), Öl/Holz, 77 x 53 cm, 1503–1506. Paris, Musée du Louvre

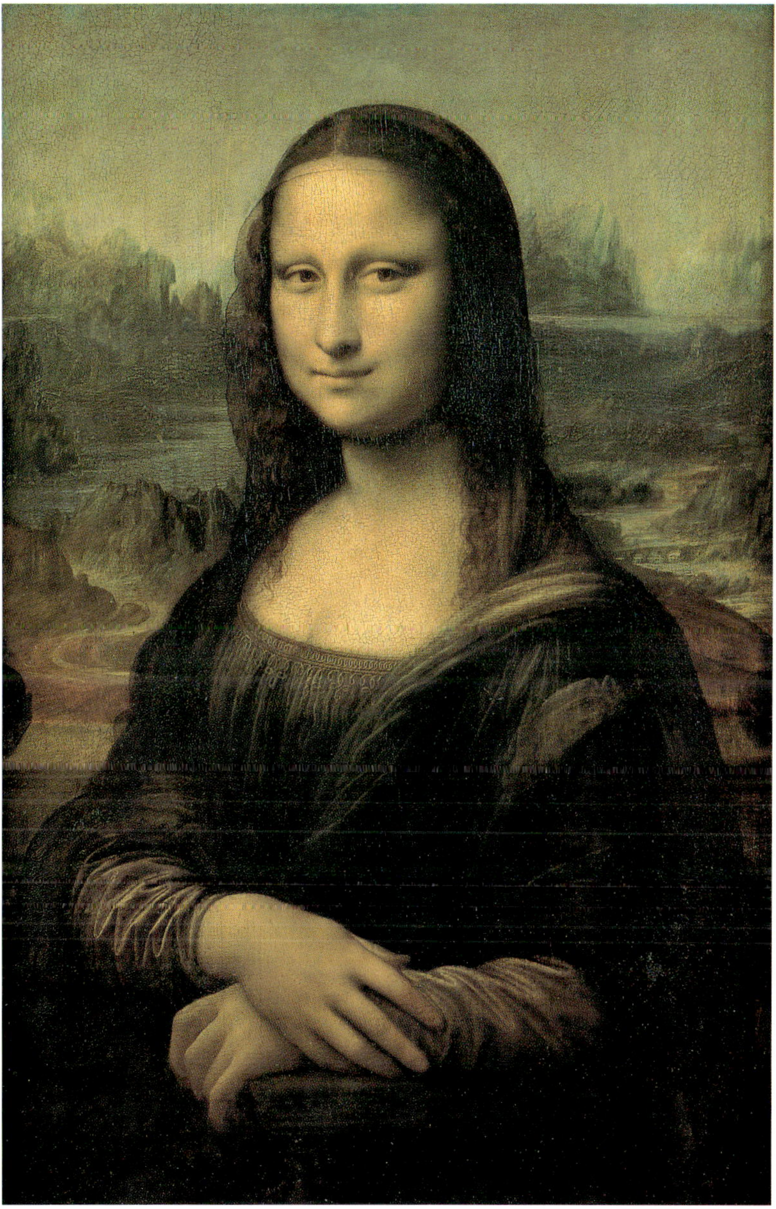